Paul Julius Möbius

Das Pathologische bei Goethe

Möbius, Paul Julius: Das Pathologische bei Goethe
Hamburg, SEVERUS Verlag 2012
Nachdruck der Originalausgabe von 1898

ISBN: 978-3-86347-293-1
Druck: SEVERUS Verlag, Hamburg, 2012

Der SEVERUS Verlag ist ein Imprint der Diplomica Verlag GmbH.

Bibliografische Information der Deutschen Nationalbibliothek:
Die Deutsche Nationalbibliothek verzeichnet diese Publikation in der Deutschen Nationalbibliografie; detaillierte bibliografische Daten sind im Internet über http://dnb.d-nb.de abrufbar.

© SEVERUS Verlag
http://www.severus-verlag.de, Hamburg 2012
Printed in Germany
Alle Rechte vorbehalten.
Der SEVERUS Verlag übernimmt keine juristische Verantwortung oder irgendeine Haftung für evtl. fehlerhafte Angaben und deren Folgen.

seVerus

Ueber das Pathologische bei Goethe.

Ueber das Pathologische bei Goethe.

Von

P. J. Möbius.

Inhalt.

A. Goethes Werke.

	Seite
Einleitung	1
Bemerkungen über die Bedeutung krankhafter Geisteszustände außerhalb der Irrenanstalten	1
Bemerkungen über die Nothwendigkeit einer idealistischen Auffassung zum Verständnisse krankhafter Geisteszustände	6
Ueber Goethes Dualismus	10
Ueber Gegensätze und Beziehungen zwischen dichterischer und wissenschaftlicher Auffassung krankhafter Geisteszustände	12
Ueber die Frage wie Goethe Kenntniß von krankhaften Geisteszuständen erhielt	19
Goethes Abneigung gegen Tollhäuser	19
Ueber das Irrenwesen in Frankfurt a. M. und im Herzogthume Weimar am Ende des 18. und am Anfange des 19. Jahrhunderts	21
Ueber Goethes Berührungen mit Geisteskranken, Belehrung durch Lectüre und Gespräch	28
Ueber Goethes Termini	32
I. Werthers Leiden	39
II. Lila	45
III. Faust	46
IV. Iphigenie	59
V. Tasso	66
VI. Wilhelm Meister	76
1. Der Harfenspieler	76
2. Mignon	85

	Seite
3. Der Graf und die Gräfin	89
4. Die schöne Seele	91
5. Aurelie	92
VII. Benvenuto Cellini	93
VIII. Wahrheit und Dichtung	96
1. Lenz	96
2. Zimmermann	103
IX. Wahlverwandschaften, Wanderjahre und kleinere Erzählungen. Ueber „das Wunderbare" bei Goethe	115
Allgemeines und Einzelnes	124

B. Goethes Person.

1. Goethes Familie	135
2. Goethes Jugend	142
3. Goethes Mannesalter	166
3. Goethes Greisenalter	177
4. Goethes Tod	185
5. Goethes Nachkommen	190

A.

Goethes Werke.

Berichtigung.

Auf S. 19, Z. 10 v. o. fehlt „ist" nach „Welt".

Einleitung.

Selten wird die Bedeutung krankhafter Geisteszustände genügend erkannt. Mangel an Kenntnissen einerseits, Befangenheit in Vorurtheilen andererseits haben die richtige Beurtheilung der vom Gewöhnlichen abweichenden Geistesbeschaffenheit in der Regel unmöglich gemacht und es ist gar nicht zu sagen, wieviel Thorheit und Unheil im Laufe der Zeiten durch unpassende Verwendung juristischer, moralischer, theologischer Kategorien an Stelle naturwissenschaftlicher oder ärztlicher entstanden ist.

Das Ungewöhnliche wird am leichtesten erkannt, wenn es recht weit vom Gewöhnlichen abweicht, sich als ein durchaus Neues darzustellen scheint. So sind freilich die groben geistigen Störungen der Aufmerksamkeit nie entgangen und die Thatsache, daß es Geisteskranke giebt, ist immer anerkannt worden. Die Geisteskranken wurden theils eingesperrt, theils in Freiheit gelassen, hier als im gewöhnlichen Sinne Kranke angesehen, dort als Besessene oder Dämonische, immer aber als eine abgeschlossene Species. Die menschliche Bequemlichkeit neigt stets zum Entweder—Oder, es ist daher begreiflich, daß man annahm, der Mensch sei entweder gesund oder geisteskrank. Bis zum Beweise des Gegentheiles wurde Jeder für gesund gehalten, war Einer aber einmal für geisteskrank erklärt, so schied er aus der menschlichen Gesellschaft aus, wurde sozusagen in eine andere Classe versetzt. Ein großer Teil der Juristen steht jetzt noch auf diesem Standpuncte. Man hätte sich von vornherein sagen können, daß, da doch nirgends in der Natur Sprünge vorkommen, auch zwischen Gesundheit und Geisteskrankheit keine scharfe Abgrenzung anzunehmen sei. Man hätte bei unbefangener Beobachtung ohne besondere Vorkenntnisse die Zwischenformen erkennen können und sich davon überzeugen können, daß nicht nur oft der Gesunde erst ganz allmählich zum Geisteskranken wird, sondern auch zwischen den ganz Gesunden und den ganz Kranken eine überaus große Menge zu finden ist, bei der Gesundes und Krankes vermischt ist, Leute, bei denen einzelne krankhafte Züge unverkennbar sind. In Wirklichkeit jedoch wuchs die Erkenntniß außerordentlich langsam und trotz der Zugänglichkeit des Materials hat man bis zur neuesten Zeit recht bescheidene Fortschritte gemacht.

Auch die sogenannte ärztliche Wissenschaft konnte in dieser Angelegenheit nicht gerade viel leisten. Entsprechend der Theilung des Menschen in Leib und Seele überließ man in früheren Zeiten den Leib den Aerzten, wies die kranke Seele den „Seelenärzten" zu, d. h. Geistlichen und Philosophen. Deshalb ist die Psychiatrie der jüngste Zweig der Medicin, ein Spätling, dem man nicht zum

Vorwurfe machen follte, daß er noch nicht ausgewachfen ift. Als man endlich an Stelle der alten Tollhäufer Krankenhäufer für Jrre unter ärztlicher Auffidht errichtete wurde die Abfonderung der Jrrenärzte wieder ein Hinderniß. Sie hauften in ihren klofterähnlichen Anftalten, wurden oft weltfremd und es bildete fich vielfach die Meinung, als gäbe es nur in den Jrrenanftalten geiftige Störungen, während doch nur die am Schlimmften Erkrankten und die Störendften aus der Gefellfchaft ausgefchieden und in das Jrrenhaus gebracht werden. Andererfeits blieb bis in die neuefte Zeit die große Zahl der Aerzte von allen pfychiatrifchen Kenntniffen verfchont. Nicht nur fehlte es auf den Univerfitäten meift an Gelegenheit zum Unterrichte über geiftige Störungen, fondern der ganze Geift der medicinifchen Erziehung hinderte die Schüler, das Seelifche verftehen zu lernen, ein plumper Materialismus behandelte alles Geiftige als quantité négligeable. Neuerdings hat man zwar faft überall pfychiatrifche Kliniken eingerichtet, aber noch fehlt die Nöthigung der Studenten, diefe Kliniken fo, wie es nothwendig wäre, zu befuchen, noch fehlt vielfach die Einficht, daß der Arzt überall, nicht nur in der pfychiatrifchen Klinik das Geiftige ins Auge faffen muß, daß ein pfychiatrifcher Sinn in jeder Klinik von Nöthen ift.

Daß trotz aller Schwierigkeiten auch die außerhalb der Jrrenhäufer vorkommenden geiftigen Störungen ftudirt worden find, ift das Verdienft einzelner fcharffichtiger Aerzte und mit Anerkennung foll jederzeit der Jrrenärzte gedacht werden, die fchon frühe den Blick über die Mauern der Anstalt hinaus richteten und die Psychiatrie sozusagen in das tägliche Leben hinein trugen. Es galt, alle Formen geistiger Störungen zu erkennen, ihren Zusammenhang mit körperlichen Veränderungen zu begreifen, Verschiedenartiges als Stufen einer Reihe zu verstehen und das specielle Fach als Zweig der Menschenkunde überhaupt aufzufassen. Wir dürfen mit Stolz sagen, daß seit 50 Jahren ein weiter Weg zurückgelegt worden ist. Einzelne Mißgriffe sollen das Verdienst derer, die vorangegangen sind, nicht schmälern. So wie die Sache jetzt steht, hindern den Fortschritt nicht sowohl Unkenntniß und Mangel an Erfahrung als Vorurtheile. Die rein naturwissenschaftliche Beurtheilung des Menschen gilt diesem als unsittlich, jenem als herabwürdigend. Für die ärztliche Auffassung giebt es nur die Norm einerseits, das Abnorme andererseits. Weicht ein Mensch von der Norm, der Regel, dem Gewöhnlichen ab und erreicht die Abweichung eine gewisse Größe, die die je nach der Anschauung verschieden große „Breite der Gesundheit" überschreitet, so ist er abnorm oder, was im Grunde dasselbe ist, krankhaft. Nur der Gebrauch der Sprache hindert abnorm und krankhaft als gleichbedeutend zu fassen, da bei dem Worte krankhaft zunächst an Beschwerden und Nachtheile gedacht wird. Nun begleiten zwar solche jede Abnormität, aber sie sind oft nicht von vornherein deutlich, oder werden übersehen. Gleichbedeutend mit Abnormität ist ferner der Ausdruck Entartung, ja dieser ist die Uebersetzung jenes, da er bedeutet: von der Art, der Regel abgewichen. Zwar denkt man oft bei Entartung nur an beträchtliche angeborene Abnormitäten, man kann aber jede Abnormität, jede Krankheit als angeborene oder erworbene Entartung auffassen und gewinnt damit einen Begriff, der das Verschiedenartigste und doch Zusammengehörige zusammenfaßt. Diese Erörterungen lassen Alle gelten, solange sie sich auf das Gebiet des Körperlichen beziehen. Wendet man sie aber auf geistige Zustände an, so heißt es, ja Bauer, das ist ganz was andres. Ich erinnere nur an den Streit über den geborenen Verbrecher, an die Erörterungen über die krankhafte Natur des Genies, möchte aber hier auf die Sache nicht näher eingehen, da es mir nur daran liegt, zu zeigen, daß die psychiatrische Beurtheilung, d. h. die Beurtheilung menschlicher Geisteszustände vom ärztlichen Standpuncte aus, von einer Bedeutung ist, die weit über den Bereich der Irrenanstalt hinausgreift, in fast alle Fächer menschlichen Wissens hineingreift und unsere Auffassungen in der wichtigsten Weise zu bestimmen geeignet ist. Mit der Gebietsausdehnung der Psychiatrie muß das Interesse an ihr in's Große wachsen und der Werth psychiatrischer Kenntnisse außerordentlich steigen. So unangenehm das Manchem sein mag, so ist doch an der Sache nichts zu ändern. Ein Blick auf die neuere schöne Literatur zeigt, daß das Interesse am Pathologischen wächst. Mag auch die Form, in die sich dieses Interesse kleidet, vielfach unerfreulich, ja widerwärtig sein, so liegt doch diesen modernen Bestrebungen, deren Auswüchse freilich Tadel verdienen, eine richtige Erkenntniß zu Grunde. Es macht sich eben überall die enorme Bedeutung krankhafter Geisteszustände fühlbar und man beginnt einzusehen, daß ohne ihre Berücksichtigung eine zutreffende Beurtheilung menschlicher Zustände und Werke überhaupt unerreichbar ist. —

Diese Andeutungen möchten hinreichen, um den zu entschuldigen, der sich mit einer Erörterung über psychiatrische Dinge in faßlicher Form an ein größeres Publicum zu wenden denkt. Sie sind in meinem Falle vielleicht überflüssig, jedoch wird man es dem Schriftsteller nicht übelnehmen, daß er gern auf die größeren Gedankenkreise hinweist, die sich mit seiner Darstellung berühren. Will ich meine Einleitung kurz fassen, so kann ich etwa so sagen: Krankhafte Geisteszustände sind im wirklichen Leben von der größten Bedeutung, sie müssen es daher auch in dem Bilde des Lebens, in der poetischen Schilderung sein. Dieser von vornherein auffallende Satz wird durch die Betrachtung der Werke des Dichters, dem man gern einen besonderen Sinn für die Wirklichkeit zuschreibt, nemlich Goethes durchaus bestätigt.

Das, was zumeist das Verständniß krankhafter Geisteszustände verhindert hat, war die Ansicht, daß der Mensch aus Leib und Seele, Körper und Geist, oder gar aus Geist, Seele und Leib zusammengesetzt sei. Diese Annahme zweier Substanzen, der sogenannte Dualismus, bezüglich Spiritualismus scheint der naiven Auffassung so unvermeidlich zu sein, wie die, daß die Sonne sich bewegt, die Erde stille steht. Offenbar entsteht sie zuerst durch den Anblick des Todes: Dem Todten fehlt etwas, obwohl er sonst ganz dem Lebenden gleicht, das ist die Seele. Alle Sprachen sind spiritualistisch und am schroffesten hat sich der Spiritualismus in den abendländischen Religionen ausgeprägt. Ist die Seele etwas, das erst mit dem Leibe in Verbindung gebracht worden ist und von ihm wieder getrennt werden kann, so sind offenbar auch ihre Krankheiten eine Sache für sich. Nicht der Arzt des Leibes versteht sich am besten auf die Seelenkrankheiten, sondern der, der überhaupt am meisten von der Seele weiß, d. h. je nach der Auffassung der Theolog oder der Philosoph. Ebenso wie in der Pathologie dieselben Grundsätze herrschen wie in der Physiologie, so muß dann auch die Psychiatrie auf der Psychologie fußen und die seelischen Krankheiten müssen psychologisch verstanden und behandelt werden. Diese Auffassung wurde bekanntlich im Mittelalter folgerichtig durchgeführt, aber sie ist auch heute noch nicht verschwunden, wie aus der Pastoral-Psychiatrie zu ersehen ist. Eigentlich müßte bei der allgemeinen Anerkennung, die auch heute noch die spiritualistische Ansicht genießt, die Pastoral-Psychiatrie viel mehr Anhänger haben, als sie hat. Die Bedürfnisse der Praxis jedoch sind stärker als alle Theorien, sie haben die Geisteskranken den Aerzten zugeführt und die ärztliche Psychiatrie hat sich zwar langsam, aber doch fortschreitend und über spiritualistische Anschauungen wegschreitend entwickelt. Es ist gar nicht zu leugnen, daß der Arzt, wenn er sich an das Thatsächliche hält und streng der Erfahrung folgt, jeder Theorie entbehren kann, indessen trüben falsche Theorien doch auch seinen Blick vielfach und noch mehr wird der Laie, den die Erfahrung nicht belehrt hat, in alle seine Raisonnements über Geistesstörungen etwas Schiefes mit seiner mitgebrachten Theorie hineintragen. Für den Arzt, ja den der Naturforschung Beflissenen schlechtweg, liegt es nahe, einen Ausweg im Materialismus zu suchen, d. h. zu sagen: es giebt überhaupt nur im Raume Bewegliches, Materie, auch der Mensch ist nur Materie, und was ihr Geist oder Seele nennt, das ist eine Function, eine Absonderung der Materie, oder eigentlich nur eine Redensart. Thatsächlich hat sich ja der Materialismus seit den Tagen der Encyclopädisten bis zu unseren Tagen mehr und mehr ausgebreitet und hat die Fachkreise regirt, wenn auch vielfach nur als verhüllter König. Die „Gebildeten" jedoch im Allgemeinen hielten und halten an einem mehr oder weniger modernisirten Spiritualismus und damit an dem Influxus physicus fest. Unter Influxus physicus versteht man, daß die Materie Veränderungen des Geistes und der Geist Veränderungen der Materie bewirke. Zwischen der Absurdität des Materialismus einerseits und der Absurdität des Influxus physicus andererseits schwankt heute die Masse der Gebildeten hin und her. Nur Wenige begreifen, daß Klarheit allein durch Loslösen von der in der Sprache fixirten Auffassung des naiven Verstandes zu gewinnen ist, daß nur eine idealistische Auffassung oder richtiger die Beschränkung auf die wirkliche Erfahrung vor Widersprüchen schützt. Unser Bewußtsein zerfällt in das Bewußtsein unser selbst und das Bewußtsein anderer Dinge. Was für uns Gefühl, Gedanke, kurz Seele ist,

das ist für Andere ein Bewegen in Nervenzellen und
Fasern, und was uns als Gehirn erscheint, das ist dem
Besitzer des Gehirns Seele. Soweit unsere Beobachtung
reicht, geht neben jedem seelischen Vorgange ein körperlicher oder materieller her. Es ist aber eine Forderung
der Vernunft, diesen psychophysischen Parallelismus als
einen stetigen, durch die ganze Welt gehenden zu denken
und in beiden Reihen nur verschiedene Seiten desselben
Vorganges zu erkennen. Körperliches und Geistiges sind
dasselbe, nur der Standtpunct ist verschieden. Leib und
Ich sind Eins, doch fällt in das Bewußtsein unser selbst
nur ein kleiner Theil des Ich. Der größere gehört für
uns zu dem uns Unbewußten oder, sofern er in das Bewußtsein anderer Dinge eintritt, zum Materiellen. Der
Influxus physicus wird zu einem Hinüber- und Herüber-
greifen aus dem Bewußten in das Unbewußte, aus dem
Unbewußten in das Bewußte. Geisteskrankheiten sind
Krankheiten, bei denen nicht nur die unbewußten Functionen des Ich, wie bei den sogenannten körperlichen
Krankheiten, gestört sind, sondern auch die bewußten.
Oder da doch auch bei den körperlichen Krankheiten durch
Schmerz, Verstimmung u. s. w. das Bewußtsein betheiligt
zu sein pflegt, müssen bei Geisteskrankheiten die bewußten
Functionen in bestimmter Weise leiden. Es giebt im
Grunde nur eine Art von Krankheiten und es ist sozu-
sagen zufällig, daß wir den meisten nur von außen her,
d. h. physikalisch beikommen können, einigen aber auch
von innen her, oder psychologisch. Nehmen wir es
practisch, so müssen wir die Geisteskrankheiten genau so

auffassen wie alle Gehirnkrankheiten, denn jene bilden nur eine Gruppe dieser, andererseits aber müssen wir da, wo uns die Beobachtung von außen im Stiche läßt, uns streng auf die Feststellung der erschlossenen inneren Vorgänge beschränken und dürfen nicht vergessen, daß auch dann, wenn die den krankhaften Geisteszuständen entsprechenden Gehirnvorgänge uns bekannt wären, dadurch keine Kenntniß der seelischen Zustände zu erlangen wäre. Mit anderen Worten, wir müssen auch hier die Parallelen zu erkennen suchen, die Veränderungen im Gehirn einerseits, die eigentlich nur dem Kranken zugänglichen, von uns aus Bewegungen erschlossenen seelischen Veränderungen andererseits.

Wie Goethe über das Verhältniß von Geist und Körper dachte, das ist schwer zu sagen. Ausdrückliche Aussagen liegen, so viel ich sehe, erst aus seiner letzten Lebenszeit vor. In seiner Jugend wurde die christliche Auffassung der Dinge bald beseitigt. Eine Zeit lang studirte er eifrig Spinoza, aber es wäre thöricht, zu behaupten, daß er je ein Spinozist gewesen sei. Auch später beschäftigte er sich mit Philosophie, er mühte sich z. B. mit Kant ab, er las Schopenhauers Hauptwerk, aber sein Geist lehnte das ihm Fremde ab. Frühzeitig wurde ihm klar, daß „wir nichts wissen können". Das aber, was wir nur durch Vermuthungen von fern erreichen können, in Systeme einzufangen, über das Unerforschliche Dogmata aufzustellen, solches Thun widerstrebte seinem Zartgefühle. Mit Ehrfurcht und mit zarter Scheu wollte er von dem Metaphysischen geredet wissen, die Metaphysik der dogmatischen Philosophen mußte ihn schamlos dünken. In diesem Sinne wird er auch ein Urtheil über die Seelenfrage, die gemeinhin als metaphysisch gilt, abgelehnt haben. Er drückte sich im Sinne der durch die Sprache fixirten und herkömmlichen dualistischen Ansicht aus und man muß wohl annehmen, daß er später auch ernstlich dem Dualismus gehuldigt habe. Die Monadenlehre will ja etwas anderes sein, so weit sie aber faßbar wird, läuft sie doch auf Dualismus hinaus. Der alte Goethe scheint einer Art von Monadologie zugethan gewesen zu sein. Die Gespräche mit Joh. Falk enthalten wunderliche Auseinandersetzungen über die Monaden, doch gilt dies Buch als apokryphisch. Aber auch bei Eckermann findet man Entsprechendes. Die Entelechie ist doch eine Art von Seelen-Monade. „Jede Entelechie nämlich ist ein Stück Ewigkeit, und die paar Jahre, die sie mit dem irdischen Körper verbunden ist, machen sie nicht alt." Sei die Entelechie geringer Art, so werde sie „während ihrer körperlichen Verdüsterung" den Körper nicht beherrschen, vielmehr werde dieser sie beherrschen, eine mächtige Entelechie dagegen werde den Körper veredeln und lange jung erhalten. An Zelter schreibt Goethe: „Die entelechische Monade muß sich nur in rastloser Thätigkeit erhalten; wird ihr diese zur andern Natur, so kann es ihr in Ewigkeit nicht an Beschäftigung fehlen. Verzeih' diese abstrusen Ausdrücke! Man hat sich aber von jeher in solche Regionen verloren, in solchen

Sprecharten sich mitzutheilen versucht, da wo die Vernunft nicht hinreicht, und wo man doch die Unvernunft nicht wollte walten lassen."

Die dualistische Auffassung findet gegenüber den Geisteskrankheiten einige Schwierigkeiten. Im Anfange unseres Jahrhunderts standen zwei Parteien gegen einander. Die sogenannten Somatiker meinten, die unsterbliche Seele könne nicht erkranken, bei den Seelenstörungen handle es sich um körperliche Krankheiten, durch die die Seele gehemmt werde, gewissermaaßen um eine Beschädigung des Claviers, auf dem die Seele spielt; die Psychiker dagegen ließen die Seele selbst erkranken und faßten die dabei vorhandenen körperlichen Störungen und Veränderungen als Wirkungen der Seelenkrankheit auf. Dieser Unterschied in der Theorie war praktisch von großer Bedeutung. Die Psychiker lehrten, Ursache der Seelenkrankheiten sind die Leidenschaften, die Somatiker aber meinten, die Hauptsache sei eine primäre Erkrankung des Gehirns oder eines anderen Organs, etwa Stockungen im Unterleibe oder eine falsche Blutmischung. Goethe wird sich um diesen Streit nicht gekümmert haben. Er war unwillkürlich Psychiker, wie es für einen Dichter natürlich ist. Der Wahnsinn ist ihm die Wirkung oder eigentlich der höchste Grad der Leidenschaft. Im Sinne des Dichters ist Einer um so mehr wahrer Mensch, je stärker er empfindet. Der leidenschaftliche Mensch ist der eigentlich Gesunde, gerade ihm aber droht die Gefahr des Wahnsinns. Eben deshalb hat der Dichter Interesse am Wahnsinne und sozusagen Respect vor ihm. Wie könnte ihn eine Geisteskrankheit anziehen, deren Ursache eine ansteckende Fieberkrankheit wäre? Macht nicht die unglückliche Liebe oder Kummer, Sehnsucht wahnsinnig, so ist der Wahnsinn dichterisch überhaupt nicht brauchbar.

In Wirklichkeit liegen die Dinge freilich anders. Man muß zwei Gruppen geistiger Krankheiten unterscheiden, solche, deren Hauptbedingung eine Einwirkung von außen ist, und solche, deren Hauptbedingung die von vornherein krankhafte Beschaffenheit des Menschen ist. Dort handelt es sich um die Wirkung von Bakterien-Krankheiten oder von chemischen Giften und Jeder kann erkranken, der das Unglück hat, der krankmachenden Ursache genügend ausgesetzt zu sein. Hier wächst die Krankheit aus dem Inneren des Menschen heraus und ihre sogenannten Ursachen sind nur Anstöße, deren Beschaffenheit unwesentlich ist. Unter den exogenen Krankheiten ist, abgesehen vom Alkoholismus, nur eine von großer Häufigkeit und Wichtigkeit, die fortschreitende Gehirnschrumpfung, die sogenannte Gehirnerweichung (Dementia paralytica). Sie aber war zu Goethes Zeit noch unbekannt und wahrscheinlich selten. Bekanntlich hat sie erst Ibsen auf die Bühne gebracht. Die endogenen Geisteskrankheiten bilden die Hauptmasse, sie sind von Alters her bekannt und an sie denkt der Dichter, wenn er vom Wahnsinn spricht. Ihre Hauptbedingung ist, wie gesagt, eine abnorme Reaction, d. h. in der Hauptsache die angeborene, ererbte Abweichung von der normalen Art, oder Entartung. Je größer die Entartung, um so größer die Wahrscheinlichkeit der ausgesprochenen Krankheit und um so kleiner die Stärke des krankmachenden Anstoßes. Bei einem gewissen Grade der Entartung erscheint der Mensch auch dem ungeübten Auge als eine von vornherein krankhafte Natur und die gewöhnlichen Reize des Lebens genügen, ihn zu vollkommener Geisteskrankheit hinüberzuführen. Bei geringerer Abweichung von der Art kommt es auf die Gestaltung des Lebens an, ob der Gefährdete glücklich durchkommt, oder unterliegt. Hier nun spielen die Erschütterungen des Gemüths, Kummer, Sorge, Schreck, Angst, Ueberanstrengung, Schlaflosigkeit, eine wichtige Rolle, denn sie sind am häufigsten Ursache der Aufhebung des labilen Gleichgewichtes. Die Leidenschaften freilich, von denen die Dichter mit Vorliebe sprechen, sind weit häufiger Zeichen der mitgebrachten Instabilität und Vorläufer der Erkrankung als Ursache. Die „Leidenschaftlichkeit" ist nicht eine Eigenschaft des gesunden Menschen. Bei diesem sind leidenschaftliche Erregungen selten und sie dienen als Sicherheits-Ventil, ihre Explosion beseitigt die Spannung, reinigt den Organismus, schädigt ihn nicht. Ein wirklich gesunder Mensch wird nie durch Leidenschaften oder Gemüthserschütterungen geisteskrank werden, denn die gesunde Natur wehrt sich gegen das Uebermaaß, stößt das Traurige, Feindliche hinaus, wie der Körper einen eingedrungenen Splitter. Die Tasso, Rousseau, Lenz, Lenau u. s. w. wurden nicht krank, weil sie zu viel zu erdulden hatten, sondern sie regten sich viel auf, weil sie krankhafter Art waren und ihre krankhaften Erregungen führten sie in die wirkliche Krankheit hinüber.

Die Kluft zwischen der herkömmlichen dichterischen

Auffassung und der wissenschaftlichen Betrachtung ist jedoch nicht so groß, wie man nach dem bisherigen annehmen möchte. Der gesunde Mensch nemlich ist ein Ideal: Wir alle sind nicht vollkommen gesund, sind in gewissem Grade entartet, und wenn wir von gesunden und krankhaften Menschen reden, so handelt es sich eigentlich nur um Grad-Unterschiede. Nicht auf das Vorhandensein, sondern auf den Grad der Entartung kommt es an. Dazu tritt ein Anderes: der gesunde Mensch ist langweilig. Der Normalmensch darf keine besonderen Eigenschaften haben, denn jedes Uebermaaß zerstört das Gleichgewicht und es giebt keine Hypertrophie ohne entsprechende Atrophie. Wie Hörner nicht möglich sind ohne Beeinträchtigung der Schneidezähne, so muß der vorwiegenden Gehirnentwickelung, die wir am Menschen schätzen, ein anderweites Minus entsprechen. Je feiner und verwickelter ein Organ wird, um so verletzlicher wird es. Hervorragende Tüchtigkeit ist nicht ohne Einseitigkeit möglich, Einseitigkeit ist Abnormität, und so fort. Was uns reizt, ist das Ungewöhnliche, das von der Regel Abweichende, das Abnorme und deshalb sind jederzeit „die problematischen Naturen" Gegenstand der Dichter gewesen. Mit anderen Worten, der Dichter fühlt sich naturgemäß zum Pathologischen hingezogen, sofern ihn die Menschen mehr interessiren als die Ereignisse. Je mehr der Dichter ein treuer Spiegel der Wirklichkeit ist, eine um so größere Rolle wird bei ihm das Pathologische spielen. Thatsächlich beweist die Beobachtung diesen Satz, denn Shakespeare und Goethe haben die meisten pathologischen Figuren. Erst dadurch, daß der Dichter das treu Beobachtete im Sinne vorgefaßter Meinungen bearbeitet, kann der Zwiespalt zwischen dichterischer und wissenschaftlicher Auffassung entstehen. Die Sache liegt so. Je abnormer oder krankhafter ein Mensch beschaffen ist, um so weniger findet bei ihm eine normale Motivation statt. Je mehr die Krankheit wächst, um so mehr schwindet die normale Motivation, oder, was dasselbe ist, die psychologische Freiheit. Bei einem gewissen Grade der Krankheit hört sie ganz auf, der Mensch wird dann unfrei oder unzurechnungsfähig. Er denkt und handelt dann ganz unter einem organischen Zwange, er ist psychologisch nicht mehr verständlich. Ein solcher Mensch ist nicht nur dem Strafrechte entzogen, sondern auch der Poesie. Denn diese will das Allgemein-Menschliche darstellen, die von ihr verwertheten Aeußerungen und Thaten müssen psychologisch vermittelt sein. Daraus ergiebt sich, daß der eigentliche „Wahnsinn", d. h. die ausgesprochene Geisteskrankheit nicht zu den dichterischen Vorwürfen gehören kann. Natürlich kann der Dichter auch Geisteskranke darstellen ebenso wie andere natürliche Dinge, aber er darf dann die Geisteskrankheiten nur so verwenden, wie er körperliche Krankheiten verwendet oder Unglücksfälle. Die Motivirung hört bei ihnen auf.

Da andererseits der Dichter gezwungen ist, das Pathologische, von dem die Welt voll ist, zu verwerthen, so ergiebt sich, daß ihm das Zwischenreich gehört, soweit in der Hauptsache die Motivation normal ist. Sowohl das Recht, als die allgemeine Meinung nimmt normale Motivation noch bei ziemlich beträchtlichen Abweichungen des Geisteszustandes vom Normalen an; wo die Grenze zu ziehen ist, das ist im Grunde Willkür, zu verschiedenen Zeiten ist die Grenze verschieden abgesteckt worden und je nach der Einsicht ist auch heute das Urteil verschieden. Wollte man wirklich gerecht sein, so müßte man bei jedem Menschen eine wenigstens nach bestimmten Richtungen hin verminderte Zurechnungsfähigkeit annehmen, oder Jedem in bestimmten Fällen mildernde Umstände zubilligen. In der Wirklichkeit ist die Sache schwierig, der Dichter darf es thun und hat es instinctiv immer gethan. Trotz dieser Einschränkung ist natürlich an der Zurechnungsfähigkeit des Durchschnitt-Menschen mit seinen pathologischen Beimischungen fest zu halten und man wird auch bei ausgesprochen pathologischen Menschen einen gewissen Grad von Zurechnungsfähigkeit annehmen. Wir thun es alle, müssen es thun, wenn wir leben wollen, und ebenso darf es der Dichter thun.

Das Gesagte sei an einigen Beispielen erläutert. Shakespeare bringt im König Lear einen Geisteskranken, der an Altersschwachsinn leidet und dessen Zustand sich während des Stückes zu acuter Verwirrtheit steigert, auf die Bühne. Lear ist unzurechnungsfähig und kann deshalb nicht Held der Tragödie genannt werden. Er ist einer Naturgewalt zu vergleichen und die durch ihn Leidende und Sterbende, Cordelia, ist eigentlich allein eine tragische Figur. Hamlet dagegen ist zwar ein pathologischer Mensch, aber er ist nicht geisteskrank und seine Zurechnungsfähigkeit ist in der Hauptsache erhalten. Alles, was er thut, ist psychologisch vermittelt, der Zuschauer kann mit ihm denken und fühlen, wenn er auch bewußter- oder unbewußterweise einen Vorbehalt macht und, juristisch ausgedrückt, mildernde Umstände annimmt.

Goethe hat besonders im Werther eine pathologische Gestalt geschaffen, deren Zurechnungsfähigkeit zwar eingeschränkt, aber doch in der Hauptsache erhalten ist. —

Goethe ist auch darin, wie die meisten Dichter, „Psychiker", daß er die einzelnen Erscheinungen der Geistesstörungen psychisch vermittelt sein läßt. Dies zeigt sich z. B. bei seiner Besprechung der Ophelia. Am gröbsten tritt es hervor in dem Stück Lila, wo die Heldin durch seelische Einwirkung geheilt wird. Hier folgte Goethe freilich einem älteren Muster, jedoch war ihm die Sache offenbar nicht anstößig. In der Wirklichkeit zeigt gerade der Umstand, daß beim Geisteskranken die Symptome und auch die Heilung nicht motivirt sind, die organische Natur der Geistesstörungen und ihre dichterische Unverwerthbarkeit an. Es kann zwar in der Wirklichkeit vorkommen, daß Einer, der an Verfolgungswahn erkrankt, Verfolgungen erlitten hat, wie es bei Rousseau der Fall war, aber weitaus die meisten Patienten sind nie verfolgt worden, wir wissen einfach nicht, warum gerade Verfolgungsvorstellungen so häufig Zeichen einer Gehirnerkrankung sind. Nur bei Einer Krankheit sind alle Erscheinungen seelisch vermittelt und kann jede Erscheinung durch seelische Einwirkungen beseitigt werden, bei der sogenannten Hysterie, die keine eigentliche Geisteskrankheit ist. Man könnte in gewissem Sinne die Hysterie als

Dichter-Krankheit bezeichnen, denn hier verlaufen die Dinge ungefähr so, wie die Dichter es sich gewöhnlich vorstellen. Man ist bei poetischen Krankheit-Schilderungen oft versucht, die Diagnose Hysterie zu stellen, obwohl der Dichter daran ganz unschuldig ist. So wäre bei Lila und auch bei Orest nur die Diagnose Hysterie zulässig.

Inwieweit hatte Goethe Gelegenheit, krankhafte Geisteszustände kennen zu lernen? Mir scheint die Antwort durch eine Aeußerung Goethes gegen Eckermann (Soret) gegeben zu werden. Er sagt: „Die Welt so voller Schwachköpfe und Narren, daß man nicht nöthig hat, sie im Tollhause zu suchen. Hierbei fällt mir ein, daß der verstorbene Großherzog, der meinen Widerwillen gegen Tollhäuser kannte, mich durch List und Ueberraschung einst in ein solches einführen wollte. Ich roch aber den Braten noch zeitig genug und sagte ihm, daß ich keineswegs ein Bedürfniß verspüre, auch diejenigen Narren zu sehen, die man einsperre, vielmehr schon an denen vollkommen genug habe, die frei umhergehen. Ich bin bereit, sagte ich, Ew. Hoheit, wenn es sein muß in die Hölle zu folgen, aber nur nicht in die Tollhäuser."

Also Goethe hat seine Kenntnisse durch Beobachtung der Gesellschaft, nicht durch den Besuch von Irrenanstalten erworben. Wir dürfen wahrscheinlich hinzufügen: auch nicht durch das Lesen psychiatrischer Werke oder den mündlichen Unterricht psychiatrisch gebildeter Aerzte.

Goethe hatte einen Widerwillen gegen Tollhäuser. Diesen Widerwillen finden wir ja bei vielen Laien: der Geisteskranke ist ein Gegenstand des Grausens. Bei Goethe kommt dazu seine Abneigung gegen alles Traurige, die zum Theil auf seiner großen Empfänglichkeit beruhte. Was er wahrnahm, das umfaßte er mit allen Seelenkräften, und weil er sich den Eindrücken ganz hingab, erregten sie ihn tief und nachhaltig. Er mußte gegen Krankheit und Tod sich abschließen, um die Aufgaben des Lebens erfüllen zu können.

Auf jeden Fall war jener Widerwille damals berechtigter als heute. Bekanntlich ist die Irrenpflege in unserem Sinne erst etwa 100 Jahre alt. Früher hatte man im Allgemeinen nicht sowohl das Bedürfniß, die Geisteskranken wie andere Kranke in Krankenhäusern zu behandeln und zu pflegen, als vielmehr das, die unruhigen, tobsüchtigen Kranken unschädlich zu machen. Weil man zuerst an tobsüchtige Kranke, „Tolle" dachte, wurden die Irrenhäuser Tollhäuser genannt. Vielfach wurde die Festhaltung der Kranken recht barbarisch ausgeführt. An manchen Orten legte man die Kranken an Ketten, verwahrte sie in einer Art von Käfigen, „strafte" sie bei Widerspenstigkeit. Rechnet man dazu die Dürftigkeit und die Unreinlichkeit in den alten Verhältnissen, so begreift man, daß ein Tollhaus für einen Ort des Jammers galt, den ein zart fühlender Mensch vermied, sofern nicht seine Pflicht ihn zum Besuche nöthigte. Will man gerecht sein, so muß man sagen, die alte Zeit war vielfach besser, als sie uns erscheint, und jenes abschreckende Bild war nicht

Einleitung.

überall zu finden. Das Schlimmste prägt sich aber am meisten ein und deshalb ist man geneigt zu glauben, man habe die Geisteskranken überall früher schlecht behandelt oder mißhandelt, während es doch nur an manchen Orten geschehen ist. Man sagt z. B. heute oft: „Pinel nahm zuerst den Geisteskranken die Ketten ab," als ob sie überall in Ketten gelegen hätten und die Verhältnisse überall so miserabel gewesen wären wie im Bicêtre in Paris. Wahrscheinlich hat man schon zu Goethes Zeiten die guten oder besseren Irrenhäuser über den die Mehrzahl bildenden schlechten vergessen und den Abscheu vor diesen auf alle übertragen.

Es schien mir von Interesse zu sein, mich nach den wirklichen Irrenverhältnissen in Goethes Umgebung zu erkundigen. Ueber die Frankfurter Zustände fand ich in einem Buche von Dr. J. H. Faber Aufschluß (Topographische, politische und historische Beschreibung der Reichs-, Wahl- und Handelsstadt Frankfurt am Mayn. 1788). Die Schilderung Fabers ist ein beachtenswerthes Kulturbild und ich gebe sie deshalb wieder.

„I. p. 183. § 33. Pestilenzhaus. Tollhaus. Ferner giebt es auch allhier ein sogen. Pestilenzhaus, am Klapperfeld gelegen, welches im Jahre 1669 erbauet worden, und in Contagionszeiten zur Verpflegung der Kranken gewidmet ist, im gleichen das Tollhaus, worinnen die Wahnsinnigen versorgt werden. Obgleich von diesem letzteren schon oben unter der Rubrik: Almosenkasten Meldung geschehen ist, so verdient doch folgendes noch kürzlich davon erwähnt zu werden: Schon im Jahre 1728 hatte man bey einer hohen Kaiserlichen Commiffion ein Decret ausgewirkt, daß das fehr baufällige Tollhaus zu wohlverwahrlichem Aufbehalt und befferer Wohnung der Tollen und Wahnfinnigen erbauet werden follte. Da indeffen die in dem Commiffionsdecret anbefohlene Collecte fehr gering ausfiel, das Kaftenamt aber nicht im Stande war, Gelder herzugeben, fo unterblieb die fo nöthige Erbauung eines neuen Haufes. Endlich konnte man das immer fteigende Elend diefer Leute nicht länger anfehen; deswegen befchloffen in dem Jahre 1775 die damaligen Herren Deputirte und Pfleger die Erbauung eines Gebäudes in den Garten. Man erhielt zwar wieder die Erlaubniß zu Collectionen, allein weil die wenigften Perfonen unferer Stadt von dem Elend der armen Wahnfinniger einen rechten Begriff hatten, und deswegen die Nothwendigkeit eines Baues nicht einfahen, fo reichte das Geld lange nicht zu, fondern da der Ankauf des von Völker'fchen Haufes 5722 Gulden, der im Garten geführte Seitenbau aber 6000 fl. betrug, fo mußten nach Abzug aller collectirten Gelder, überfandten Rechnungen, und gegen Erhaltung gewiffer Freyheiten beftimmten Beyträge, dermalen noch 8000 fl. zugelegt werden; zu gleicher Zeit bekam das Kaftenamt dadurch 500 fl. an neuen Befoldungen für den Candidaten, Spitalmeifter und Wärter zu bezahlen. Das neue Gebäude in dem Garten wurde in 14 wohlverwahrte Stuben für einzelne Perfonen eingetheilt, wovon die 7 unterften dergeftalt verwahrt werden, daß man auch wirklich Rafende darinnen logiren kann, ohne Gefahr, daß fie durchbrechen können;

dabey aber alle nur mögliche Rücksicht auf die Gesundheit dieser Leute genommen wurde; das von Völker'sche alte Haus wurde einsweilen so gut als möglich zum Gebrauche der blos Blödsinnigen zurecht gemacht; zu gleicher Zeit suchte man selbst denjenigen, die bisher als rasend eingesperrt gewesen waren, nach und nach mehr Freyheit zu geben. Der Höchste segnete diese Vorkehrungen dergestalt, daß von 30 bis 40 Personen, so sich mehrentheils zugleich in diesem Hause befinden, oft kein einziger des Tages über eingekerkert ist, auch durch ordentliche Diät, Gebrauch der Medicamenten, Zuspruch der Herren Geistlichen und sonstige schickliche Behandlung im Hause, verhältnißmäßig viele in den Stand gesetzt worden sind, das Kastenhospital zu verlassen, wiederum bey ihren Familien oder an andern Orten zu wohnen und sich nach ihren Umständen zu ernähren. Hierbey verdient bemerkt zu werden, daß seit dem Jahre 1777 bis auf das Jahr 1785 nur ein einziger als völlig rasend gestorben ist, die meisten andern aber ziemlich ruhig an gewöhnlichen Krankheiten, ja viele derselben so vernünftig verschieden sind, daß ihnen der Geistliche das Abendmahl mit gutem Gewissen reichen konnte."

(Weiter wird geschildert, daß 1783 das Hauptgebäude für 10000 fl. erbaut worden sei, wie es beschaffen sei, wie die Einrichtung. Kranke mit Neigung zum Zerstören bekommen die schlechtesten Betten oder nur Strohsäcke. Es steht einem jeden Bürger frei, die Anstalt zu besehen.)

„Was nun die Versorgung der im Hause befindlichen Personen anbetrifft, so sind der Hausmeister und seine

Frau, der Wächter und seine Frau dazu bestimmt. Das Essen wird nach Vorschrift der Herren Aerzte von einem Traiteur in das Haus gebracht, das Kastenamt bezahlt solches und giebt das Brod dazu. Mit leichter ihren Leibs- und Seelenkräften angemessener Arbeit sucht man die Blödsinnigen zu beschäftigen. Der Herr Doctor med. Riese besucht das Haus wöchentlich dreymal, so wie es aber ein oder anderer Kranker erfordert, täglich. Der Herr Chirurgus Bucher besorgt die chirurgische Bedienung. Der Herr Candidat Keil kömmt täglich zwo Stunden in das Haus, um Betstunde zu halten und denjenigen, wo es angewandt ist, Trost zuzusprechen; des Sonntags morgens aber versieht solcher in dem Betsaal den Gottesdienst. Herr Pfarrer Bechtold besucht das Haus von Zeit zu Zeit oder so oft solches verlangt wird, und theilt denjenigen, so den gehörigen Grad der Vernunft besitzen, das heilige Abendmahl aus, so wie solches die katholischen und reformirten Herren Geistlichen ihrer Seits bey ihren Glaubensgenossen verrichten. Die Instruction aller vorbenannten Personen ist so eingerichtet, daß, wenn solcher nachgelebt wird, alle diejenigen, so sich in diesem Hause befinden, auf das menschlichste behandelt werden. Zu diesem Ende ist auch noch eine besondere Deputation von Löb. Amt ernannt, die zu unbestimmten Zeiten ihre Session in dem Kastenhospital hält, bey welcher ein jeder seine Klage vorbringen darf. Einem jeden steht es frey, sich insgeheim an einen der Herren Deputirten oder Pfleger zu wenden, wenn er wüßte, daß die Officianten ihre Schuldigkeit nicht thäten; sollte sich wider alles Vermuthen eine Klage gegründet finden, so soll sogleich Rath geschafft werden, ohne den Namen der Person bekannt zu machen. Dem Herrn Medico, Geistlichen und Candidaten ist es besonders aufgetragen, alle Unordnung sogleich anzuzeigen.

Noch muß bemerkt werden, daß dieses Haus nunmehr so eingerichtet worden ist, daß man auch Personen gegen ein gewisses Geld annehmen und verpflegen kann. Sollten mehrere Zimmer zusammen oder bessere, als die gewöhnliche Kost verlangt werden, so kann man auch damit dienen, und man wird sich billig finden lassen. Alle Zimmer sind auf die gesundeste Art eingerichtet, haben eine schöne Aussicht, welche zu Aufmunterung an Gemüth kranker Personen vieles beyträgt. Das Gebäude liegt übrigens an einem stillen und von allem Geräusche entfernten Orte."

Nach dieser Schilderung wird zu Goethes Jugendzeit der Zustand des Frankfurter Tollhauses betrüblich genug gewesen sein, da nach Faber bis zum Jahre 1775 das Elend immer stieg und erst dann die Reform eintrat. Goethe wird wohl von alledem nichts gewußt haben.

Schwieriger war es, über die Irren-Verhältnisse im Herzogthume Weimar zu Goethes Zeit etwas zu erfahren. Im 17. Jahrhundert sind, wie Burkhardt erwähnt, Irre auf dem Lande in Schweineställen an Ketten gelegt worden. Besser mag es am Ende des 18. Jahrhunderts gewesen sein. In Weimar war das Tollhaus mit dem Zuchthause verbunden, ebenso war es in Eisenach. Im Jahre 1801 begannen die Verhandlungen, die die Errichtung einer Irrenanstalt in Jena und die Ueberführung der in Weimar und Eisenach verpflegten Kranken nach Jena bezweckten. Es wird sich vor 1804 hier wie überall eigentlich nur um die Festhaltung und Bewachung der unruhigen, bezüglich gefährlichen Irren gehandelt haben, die übrigen werden in Privatpflege geblieben sein, es mögen Aerzte, Geistliche und ähnliche Personen sich mit der Behandlung der ruhigen Kranken befaßt haben. Im Jahre 1804 wurde die Jenaische Irrenanstalt als ein Theil der dort befindlichen Landesheilanstalten eingerichtet und damit beginnt die eigentliche Weimarische Irrenpflege. Das klinische Institut (die ambulatorische Klinik) zu Jena war im Jahre 1781 durch den Geh. Hofrath und Professor der Medicin Dr. Joh. Chr. Stark gestiftet worden, im Jahre 1788 war es zu einem öffentlichen Institut erhoben worden und im Jahre 1806 ist es mit dem Loder-Hufelandischen Klinikum vereinigt worden. Andererseits war das städtische Waisenhaus zu Jena am Ende des 18. Jahrhunderts von dem Bürgermeister, Kammerrath Vogel angekauft worden zur Einrichtung eines Arbeits- und Krankenhauses, in das auch Geisteskranke kommen sollten. Es sollte ausgebaut und vergrößert werden, namentlich um den studirenden Medicinern Gelegenheit zu klinischen Uebungen zu geben. Im Jahre 1804 wurde, wie gesagt, die Landesirrenheilanstalt zu Jena als ein Theil der medicinischen Landesanstalten gegründet. Der Bau des Landeskrankenhauses in der Bachgasse erfolgte im Jahre 1822. Die jenaische Landesheilanstalt als Irren- und Krankenhaus stand unter zwei medicinischen Directoren. Der erste war der schon erwähnte Stark, der auch Leibarzt der Herzogin-Mutter und Karl Augusts war. Er war 1753 geboren, starb 1811. Ihm folgte sein gleichnamiger Neffe der als Chirurg ausgezeichnete sogenannte dicke Stark, der gleichfalls Leibarzt und seit 1812 Director sämmtlicher Krankenanstalten war. Ein dritter Stark, Karl Wilhelm, war Sohn des ersten Stark und war ebenfalls Leibarzt in Weimar und Director zu Jena.

Im Jahre 1818 verlangte die Regierung für das Irrenhaus neben den medicinischen Directoren auch einen „philosophischen Arzt" zur psychologischen Erkenntniß, der Landtag aber bewilligte die geforderten 200 Thaler nicht. Im Jahre 1824 wurden auf Betreiben der Regierung 4 jenaische Bürger als mit aufsehende Gehülfen, bezüglich außerordentliche Mitglieder der die Aufsicht über das Kranken- und Irrenhaus führenden Polizeikommission beigeordnet. Außerhalb Jenas bestanden keine Irrenanstalten. Im Jahre 1788 gab Karl August durch Schenkung eines Gartens nebst Haus Anregung zur Errichtung eines Krankenhauses für die Stadt Eisenach. Die Irren aber wurden nach Gründung der Jenaischen Anstalt in diese abgegeben. Die zweite Landesirrenanstalt zu Blankenhain entwickelte sich erst viel später aus dem im Jahre 1840 gegründeten Karl-Friedrich-Hospital.*)

Ob Goethe irgendwie mit dem Weimarischen Irrenwesen in Berührung gekommen sei, das läßt sich jetzt

---

*) Für gütige Belehrung bin ich den Herren Landgerichtsrath a. D. Dr. Ortloff und Archivdirector Dr. Burkhardt in Weimar zu Dank verpflichtet.

nicht mehr feststellen. Wahrscheinlich ist es nicht. Der Kammerrath Vogel berichtete im October des Jahres 1801, Goethe habe die jenaische Anstalt angesehen und die ganze Einrichtung habe ihm nicht mißfallen. Damals bestand zwar die Irrenanstalt noch nicht, aber ein Bauriß und Einrichtungsplan war eingereicht und von der Regierung genehmigt worden. Es wäre also möglich, daß Goethe an den Vorarbeiten zur Irrenanstalt theilgenommen hätte. Später deutet, wie es scheint, nichts auf seine Teilnahme.*) Im Goethe- und Schiller-Archiv befindet sich, wie Herr Geh. Hofrath Suphan mir mittheilte, kein Blatt, das auf Beziehungen Goethes zur Irrenpflege deutete. Ebenso geht aus einer Mittheilung des Großh. Staatsministerium hervor, daß in dessen Archiven „keine Acten aufzufinden sind, aus denen sich ergäbe, daß Goethe mit den Fragen über die Einrichtung der Irrenpflege im damaligen Herzogthum Sachsen-Weimar in Berührung gekommen wäre."

Es ist bekannt, daß Goethe sich viel mit medicinischen Angelegenheiten befaßt hat. In Leipzig speiste er bei dem Hofrath Ludwig, der Medicus und Botaniker war; bei Tische wurden nur Gespräche über Medicin und Naturhistorie geführt. In Straßburg hörte Goethe Chemie bei Spielmann, Anatomie bei Lobstein, Vorlesungen

---

*) In dem Buche Vogels: Goethe in amtlichen Verhältnissen (Jena 1839), sind außer der Anatomie die medicinischen Anstalten gar nicht erwähnt.

über Geburtshülfe bei dem jüngeren Ehrmann und er besuchte auch das Klinikum Ehrmanns. In Jena wandte er sich wieder der Anatomie zu. Bei alledem ist jedoch nicht anzunehmen, daß Goethe auf diesem Wege etwas über Psychiatrie erfahren habe. Damals war noch mehr als jetzt eigentlich nur der leibliche Mensch Gegenstand der Medicin, mit dem seelischen mochten sich Philosophen und Geistliche beschäftigen. An den Universitäten wurde Psychiatrie überhaupt nicht gelehrt. Bekanntlich hat erst die allerneueste Zeit den Universitäten psychiatrische Kliniken gebracht. Der erste klinische Lehrer der Psychiatrie war für Deutschland Heinroth in Leipzig. Er war 1773 geboren, wurde 1811 außerordentlicher, 1827 ordentlicher Professor. Der alte Goethe hat ihn gekannt, hat auch, wie aus seinem Aufsatze über die „bedeutende Fördernis durch ein einziges geistreiches Wort" hervorgeht, seine Anthropologie gelesen.*) Aber abgesehen davon, das Goethes Werke in der Hauptsache vor dieser Bekanntschaft erschienen sind, so ist es doch recht zweifelhaft, ob Goethe sich mit den psychiatrischen Lehren Heinroth's näher bekannt gemacht hat. Der Widerwille gegen die Tollhäuser läßt nicht vermuthen, daß Goethe aus Liebhaberei Bücher über Geisteskrankheiten gelesen habe.

Wir müssen also das, was Goethe über krankhafte Geisteszustände vorbringt, aus der Beobachtung der Wirklichkeit und aus gelegentlichen Gesprächen, gelegentlicher Lectüre ableiten.

---
*) Im Frühjahre 1822. Goethe tadelt H. wegen seiner theologischen Färbung, lobte aber die vielen Vorzüge des Werkes.

Auch dann, wenn wir den Begriff des krankhaften Geisteszustandes nicht im weiten Sinne fassen (wobei denn ein großer Theil der Bekannten Goethes mitgefaßt würde*), sondern in üblicher Weise nur an gröbere Störungen denken, hat das Leben Goethen oft mit Geisteskranken in Berührung gebracht. Zuerst im väterlichen Hause. „Ein junger Mann von vielen Fähigkeiten, der aber durch Anstrengung und Dünkel blödsinnig geworden war, wohnte als Mündel in meines Vaters Hause." Nach Düntzer war es der Rechtscandidat Clauer. Er war sehr ruhig, schrieb am liebsten, copirend oder auf Dictat. Er scheint das Vorbild des jungen Wahnsinnigen in Werthers Leiden zu sein. Lenz war zwar, solange er mit Goethe verkehrte, noch nicht ausgesprochen geisteskrank, jedoch konnte Goethe aus der späteren Krankheit auf die krankhafte Art der von ihm beobachteten Wunderlichkeiten des Lenz schließen. Bedeutungsvoll scheint mir der Arzt Zimmermann zu sein. Er wohnte bekanntlich mit seiner Tochter eine Zeit lang bei Goethes Eltern, dieser interessirte sich sehr für ihn und hat wohl sicher seine Schriften gelesen. Zimmermann war eine krankhafte Natur und wurde später ausgesprochen gemüthskrank.**) Besonders sein Buch über die Einsamkeit ist

---

*) Erinnert sei an Behrisch, an die Schwester Cornelie, an die Pietisten in Frankfurt, an Jung, an Herder, an den Ludwigsritter in Straßburg, an Lavater und Basedow, an die Stolberge, an Kauffmann, an die überspannten Frauenzimmer in Darmstadt, bes. Frl. von Ziegler, an Leuchsenring, an die Familie Brentano, um nur einige Gestalten mit pathologischen Zügen aus der Jugendzeit zu nennen.

**) Wegen Lenzens und Zimmermanns vgl. S. 96. ff.

reich an Bemerkungen über geistige Störungen und an Beispielen. Durch Zimmermann, der viel von Haller handelt, wird Goethe auch Näheres über die Geisteskrankheit des von ihm verehrten Haller erfahren haben. Weiter richtete Jerusalems Selbstmord Goethes Gedanken auf das Pathologische. Auch später trat ihm der Selbstmord wiederholt entgegen, theils bei jugendlichen Personen, den Fräulein von Laßberg, von Günderode, bei Knebels Bruder, Zelters Sohne, theils bei älteren Personen, so bei dem Dichter von Kleist, bei Goethes Jugendfreunde Merck. Eine durchaus krankhafte Natur war der Candidat Plessing, den Goethe in Wernigerode besuchte.*) Als einen Narren, der nur noch nicht toll gewesen, bezeichnet er selbst den Grafen Werthern. Der Schützling Goethes, der unter dem Namen Kraft in Jlmenau wohnte und offenbar seinen Namen von der Kraftlosigkeit ableitete, wird als „gemüthlich zerrüttet" bezeichnet. Am eigenen Vater lernte Goethe den Altersschwachsinn kennen. Auf der ersten Schweizerreise sah er „staunende Wahnsinnige", d. h. Cretins. Bei der Belagerung von Mainz kam er in Berührung mit einem Geistlichen der „toll" war oder toll zu sein vorgab.

Die Lektüre führte Goethe natürlich auch hie und da auf das Pathologische. Abgesehen von Zimmermanns Schriften ist da besonders an die Geschichte Rousseaus Tassos, Benvenuto Cellinis, an Shakesperre, an Historisches, an die Berichte über die Heiligen (F. Neri), an die Bibel zu denken.

---

*) Vgl. S. 54.

Gewiß ist auch in den Gesprächen die Geistesstörung zuweilen der Gegenstand gewesen. Doch scheint darüber nicht viel bekannt zu sein. Eckermann erwähnt, einmal sei zur Sprache gekommen, daß man anfange, bei Beurtheilung der Verbrecher weich und schlaff zu werden, durch ärztliche Gutachten dem Verbrecher an der Strafe vorbeizuhelfen; bei dieser Gelegenheit habe Hofrath Vogel, der Goethes letzter Arzt war, einen jungen Physicus belobt, der trotz der Zweifel des Gerichts eine Kindesmörderin für zurechnungsfähig erklärt habe. Wie Goethe sich solchen mehr oder weniger thörichten Reden gegenüber verhalten habe, sagt Eckermann nicht. Goethe hielt viel auf ärztliche Behandlung und suchte dem Arzte auch menschlich näher zu treten. So verkehrte er viel mit Hufeland, Rehbein, Vogel. Außer mit den eigenen Aerzten (in Frankfurt, in Weimar, in Karlsbad, in Teplitz und Marienbad) verkehrte Goethe auch mit der ärztlichen Dynastie Stark in Jena, deren Glieder nach einander die Direction über die Jenaischen Heilanstalten führten, und anderen Jenaischen Aerzten.

Ehe ich auf Goethes Werke eingehe, möchte ich noch einige Bemerkungen über die Bedeutung der Namen bei Goethe machen.

Ungemein oft gebraucht Goethe das Wort „Hypochonder". Jetzt verstehen wir unter einem Hypochonder gewöhnlich einen nervösen Menschen, der sich irrthümlicherweise für schwer krank hält, einen Schlagfluß, eine Lungen-, Herz-Krankheit oder dgl. unbegründeterweise fürchtet.

Der einfachen Hypochondrie steht die hypochondrische Verrücktheit gegenüber, bei der jene Befürchtungen zu incorrigiblen Wahnvorstellungen geworden sind, die Behauptungen oft dem Augenscheine widersprechen, da die Kranken meinen, ihr Darmrohr sei verschlossen, ihr Gehirn vertrocknet, da sie nicht vorhandene Geschwülste zu fühlen glauben und so fort. Immer ist das Wesentliche der irrige Glaube, an dieser oder jener Krankheit zu leiden. Zu Goethes Zeit hatte der Begiff der Hypochondrie einen viel weiteren Umfang. Man dachte dabei nicht nur an die eigentlichen Hypochonder, sondern auch an krankhafte Verstimmungen verschiedener Art. Reizbare finstere Leute, Nervenschwache, Melancholische, an Verfolgungswahn Leidende wurden kurzweg Hypochonder genannt, etwa in der Art, wie man jetzt alles mögliche, oft im euphemistischen Sinne „nervenkrank" nennt. Man sah in der Hypochondrie eine Krankheit vorwiegend, doch nicht ausschließlich des männlichen Geschlechts.*) Einige Belegstellen mögen folgen.

---

*) Merkwürdigerweise faßt Kant (Anthropologie, erste Aufl. 1789) die Hypochondrie viel moderner: „Der Hypochondrist ist ein Grillenfänger (Phantast) von der kümmerlichsten Art: eigensinnig, sich seine Einbildungen nicht ausreden zu lassen, und dem Arzt immer zu Halse gehend, der mit ihm seine liebe Noth hat, ihn auch nicht anders als ein Kind (mit Pillen aus Brodkrumen statt Arzneimitteln) beruhigen kann; und wenn dieser Patient, der vor immerwährendem Kränkeln nie krank werden kann, medicinische Bücher zu Rathe zieht, so wird er vollends unerträglich; weil er alle die Uebel in seinem Körper zu fühlen glaubt, die er im Buche liest." Dabei seien die Kranken zeitweise heiter und lebhaft, haben aber kindische Angst vor dem Tode.

Die Hauptursache der Hypochondrie oder Grillenkrankheit, die

In dem Gedichte „Hypochonder" heißt Hypochonder etwa soviel wie Misanthrop. A. a. O. heißt es:

> „Sag mir was ein Hypochondrist
> Für ein wunderlicher Kunstfreund ist.
> In Bildergalerien geht er spazieren
> Vor lauter Gemälden die ihn vexiren."

> „Der Hypochonder ist bald curirt,
> Wenn euch das Leben recht cujonirt."

In dem Gedichte an Mademoiselle Oeser von 1768 sagt Goethe von sich, er lebe „bald still wie ein Hypochondrist":

> „Da sucht man nun mit Macht mir neues Leben
> Und neuen Muth und neue Kraft zu geben;
> Drum reichet mir mein Doctor Medicinä
> Extracte aus der Cortex Chinae,
> Die junger Herrn erschlaffte Nerven
> An Augen, Fuß und Hand
> Auf's Neue stärken, den Verstand
> Und das Gedächtniß schärfen."

In Wahrheit und Dichtung sagt Goethe von sich: „Schon von Hause hatte ich einen gewissen hypochondrischen Zug mitgebracht" [nach Leipzig].

Nach Kestner hat Jerusalem am Abende vor seinem Tode den italienischen Lehrer fortgeschickt, „weil er wieder seine Hypochondrie habe".

---

dem gestörten Gemüth (der Manie) entgegengesetzt wird, sei die Steigerung gewisser körperlicher Empfindungen durch Aufmerksamkeit.

Auch Werther wird als Hypochonder bezeichnet. Daß man die Hypochondrie gern mit dem Zuständen des Darms in Zusammenhang brachte, zeigt ein ungewöhnlich derbes Gedicht des jungen Goethe, das Bernays mittheilt: „Als Nicolai die Freuden des jungen Werthers geschrieben hatte."

In der italienischen Reise spricht Goethe von „Rousseaus hypochondrischem Jammer". Nach Joh. Falk hat er über H. v. Kleist gesagt: „Sein Hypochonder [sic] ist gar zu arg; er richtet ihn als Menschen und Dichter zu Grunde." Bei Riemer sagt Goethe wunderlich genug: „hypochondrisch seyn heißt nichts anderes als in's Subject versinken. Wenn ich die Objecte aufgebe, kann ich nicht glauben, daß sie mich für ein Object gelten lassen; und ich hebe sie auf, weil ich glaube, sie hielten mich für kein Object". Bei Eckermann sagt Goethe: „Der dritte Theil der an den Schreibtisch gefesselten Gelehrten und Staatsdiener ist körperlich anbrüchig und dem Dämon der Hypochondrie verfallen."

In dem Entwurfe einer Farbenlehre heißt es: „Hypochondristen sehen häufig schwarze Figuren, als Fäden, Haare, Spinnen, Fliegen, Wespen." Hier findet man auch folgende unverständliche Stelle: „Denn Hypochondristen sehen auch häufig gelbrothe schmale Bänder im Auge, oft heftiger und häufiger am Morgen oder bei leerem Magen."

Der Frau Rath war die Hypochondrie so verhaßt, „daß sie das Wort nicht einmal schreiben konnte". An Zimmermann schreibt sie am 16. Februar 1776: „Gott im Himmel! Wie kommt ein so vortrefflicher, geschickter, freundlicher, herrlicher, lieber Mann zu der verdammten Krankheit?"

Weiter braucht Goethe das Wort Melancholie, ebenso wie wir es thun, bald zur Bezeichnung trüber Stimmungen bei annähernd Gesunden, bald zur Bezeichnung der krankhaften traurigen Verstimmung, der krankhaften Schwermuth.

> „Zart Gedicht, wie Regenbogen,
> Wird nur auf dunklen Grund gezogen;
> Darum behagt dem Dichtergenie
> Das Element der Melancholie."

Werther sagt von sich, daß er oft, „von süßer Melancholie zu verderblicher Leidenschaft" übergehe. Bei Lila folgt der Wahnsinn auf eine „tiefe Melancholie".

Das Wort Wahnsinn ist von den Irrenärzten in sehr verschiedenem Sinne gebraucht worden; Goethe benutzt es wie die Laien meistens,*) als gleichbedeutend mit Geisteskrankheit überhaupt, was schon daraus hervorgeht, daß er bei Lila eben sowohl als bei den Cretins von Wahnsinn spricht. Wie auch heute die Leute der Gemüthskrankheit die Geisteskrankheit gegenüberstellen, bei jener nur an krankhafte Verstimmung denken, im Begriffe dieser aber das „Irresein" ausdrücken, so scheint auch Goethe als wesentliches Merkmal des Wahnsinnes Wahnvorstellungen (Grillen) zu betrachten Wahnwitz scheint bei Goethe dasselbe zu bedeuten.

---

*) So auch Schopenhauer.

Narrheit ist theils Albernheit schlechtweg, theils, im prägnanten Sinne, Wahnsinn mit Albernheit oder Schwachsinn mit Wahnvorstellungen. Gelegentlich wird mit Narrheit die Geisteskrankheit überhaupt bezeichnet, wie man auch Narrenhaus oder Tollhaus sagte, meist aber ist im Begriffe des Narren das schwachsinnig-läppische Wesen ausgedrückt, weshalb das Wort auch etwas verächtliches hat.

> „Mit Narren leben wird dir gar nicht schwer,
> Versammle nur ein Tollhaus um dich her;
> Bedenke dann — das macht dich gleich gelind —
> Daß Narrenwärter selbst auch Narren sind."

Ist der Wahnsinnige stark erregt, besonders zornig erregt, so wird von Tollheit oder Raserei gesprochen. So erscheint wohl die Raserei als der höhere Grad der Krankheit. In Lila wird befürchtet, man möchte durch gewisse Einwirkungen die Kranke „aus Wahnsinn in Raserei werfen". Der Geisteskranke im Werther wird erst tiefsinnig, fällt dann in ein hitziges Fieber, daraus in Raserei. Diese dauert ein Jahr, dann bleibt Schwachsinn mit Größenvorstellungen bestehen. Das Wort Verrücktheit wird sehr selten gebraucht. Die Geschichte von der „pilgernden Thörin" (la folle en pélérinage) wird auch Geschichte von einem „verrückten Mädchen" genannt. Vielleicht soll das Wort hier nur folie übersetzen, es paßt auf jeden Fall nicht, da das Benehmen der Pilgerin zwar wunderlich und unerklärlich ist, von Verrücktheit aber bei ihr nichts zu finden ist.

Als allgemeine Bezeichnung endlich gebraucht Goethe

die Ausdrücke „Seelenleiden", „psychische Krankheiten". In den Annalen wird ein Schema der Erzählung vom heiligen Born zu Pyrmont gegeben. Da heißt es: „Von den endlosen Krankheiten werden die widerwärtigen mit wenig Worten abgelehnt; die psychischen aber als reinlich und wundervoll ausführlich behandelt, sowie die Persönlichkeit der damit behafteten Personen hervorgehoben."

I. Werthers Leiden.

In den Leiden des jungen Werthers hat Goethe bekanntlich Selbsterlebtes, Berichtetes und Freierfundenes vermengt. Seine eigene Liebe zu einem verlobten Mädchen endete damit, daß er sich zurückzog und anderweit verliebte. Der Selbstmord des jungen Jerusalem brachte ihn auf die Idee, die Darstellung des von ihm Erfahrenen zum Ungünstigen umzubiegen und den Helden durch Selbstmord endigen zu lassen.

Werther wird von vornherein als ein überaus empfindsamer und leidenschaftlicher Jüngling geschildert. Er schwärmt für Natur und Poesie, hat Abneigung gegen Berufsarbeit. Im Wesentlichen ist der Werther des ersten Theils Goethe selbst, doch hat Goethe offenbar dem Bilde im Hinblicke auf den zweiten Theil einige Lichter aufgesetzt. Am Ende des ersten Theiles flieht Werther ebenso, wie Goethe geflohen war. Er versucht sich dann in der diplomatischen Laufbahn, hat Aerger mit einem engherzigen Vorgesetzten, wird durch die adelstolze Gesellschaft beleidigt, wirft sein Amt weg, kehrt zu der inzwischen verheiratheten Geliebten zurück, verzehrt sich in hoffnungsloser Liebe und erschießt sich schließlich.

Goethe war sich ganz klar darüber, daß Werther eine pathologische Figur sei. Er schrieb schon seiner eigenen Leidenschaftlichkeit wiederholt einen pathologischen Charakter zu und wußte, daß eben die Thatsache der Umkehr ihn sozusagen rehabilitirt hatte, gezeigt hatte, daß die Gesundheit in ihm das Uebermächtige war. Indem er Werther unterliegen ließ, ließ er das Pathologische siegen. Werther schildert sich selbst: „Wie oft lull ich mein empörtes Blut zur Ruhe; denn so ungleich, so unstet hast Du nichts gesehen als dieses Herz. Lieber! Brauch ich Dir das zu sagen, der Du so oft die Last getragen hast, mich vom Kummer zur Ausschweifung und von süßer Melancholie zur verderblichen Leidenschaft übergehen zu sehen. Auch halte ich mein Herzchen wie ein krankes Kind; jeder Wille wird ihm gestattet." „Meine Leidenschaften waren nie weit vom Wahnsinn." Lotte warnt Werther, er werde an dem zu warmen Antheil, den er an allem nehme, zu Grunde gehen. Gegen das Ende hin heißt es: „Lieber Wilhelm ich bin in einem Zustande, in dem jene Unglücklichen gewesen sein müssen, von denen man glaubte, sie würden von einem bösen Geiste umhergetrieben. Manchmal ergreift mich's; es ist nicht Angst, nicht Begier — es ist ein inneres unbekanntes Toben, das meine Brust zu zerreißen droht, das mir die Gurgel zupreßt! Wehe! Wehe! Und dann schweife ich umher in den furchtbaren nächtlichen Scenen dieser menschenfeindlichen Jahreszeit." Besonders mit dem „unbekannten

Toben" hat Goethe offenbar die Krankhaftigkeit des Zustandes zeichnen wollen. Der Gedanke an Orest taucht auf. Die Hauptsache aber ist der Selbstmord. Die Selbstmordfrage ist der Mittelpunkt des ganzen Buches. Sehr richtig setzt Werther auseinander, daß ein je nach der Natur des Menschen verschiedenes Maaß von Leiden ihn zum Selbstmorde treibt. „Hier ist also nicht die Frage, ob einer schwach oder stark ist? sondern ob er das Maaß seines Leidens ausdauern kann?" Das Maaß ist proportional der Gesundheit; eben daß ein junger Mann wegen getäuschter Liebeshoffnung sich tödtet, thut dar, daß er abnorm wenig leidensfähig ist, daß er krankhaft ist. Napoleon hat bekanntlich getadelt, daß bei Werther außer der Liebe der getäuschte Ehrgeiz eine Rolle spiele. Es kommt aber außerdem eine pessimistische Verzweiflung dazu, die auch ohne Liebe und Ehrgeiz bei jungen Leuten auftreten kann. Goethe schildert sehr schön, wie das Glück im Mitgefühle alles Lebens in Pessimismus umschlägt. „Es hat sich vor meiner Seele wie ein Vorhang weggezogen und der Schauplatz des unendlichen Lebens verwandelt sich vor mir in den Abgrund des ewig offenen Grabes. Kannst du sagen: das ist! da alles vorübergeht?" Diese Worte sind vollkommen im Sinne Buddhas. Das Taedium vitae ist die Unterlage, der Liebeskummer führt zur That. Man hat kaum das Recht, zu sagen, Goethes Werther sei überhaupt nicht lebensfähig, sein Tod sei nothwendig. Wäre Werther durch irgend ein günstiges Eingreifen über die Zeit der Gefahr weggehoben worden, so hätte er ruhig weitergelebt, wäre freilich immer pathologisch geblieben. Unzählige junge Leute gleichen Werther in der Hauptsache, kommen aber nicht zum Selbstmorde, weil im geeigneten Moment ein genügend kräftiger Anstoß fehlt.

Werther ist ein dégénéré supérieur, eine weitere Diagnose ist nicht zulässig. Insbesondere wäre es verfehlt, seinen Zustand als Melancholie zu bezeichnen.

Als Contrastfigur erscheint im Werther der junge Wahnwitzige, dessen Schilderung deshalb merkwürdig ist, weil eigentlich hier allein Goethe eine Geisteskrankheit nach der Natur beschreibt. Das Vorbild war der junge Rechtscandidat, der in Goethes Vaterhause lebte und dessen Geschichte Goethe natürlich bekannt war. Der Rath Goethe benutzte sein verblödetes Mündel als Secretär, im Roman ist der Geisteskranke Secretär bei Lottens Vater gewesen. Die romanhafte Zuthat ist die Angabe, daß der junge Mann eine Leidenschaft zu Lotte gefaßt habe, die ihn rasend gemacht hatte und deretwegen er aus dem Dienste geschickt worden war. Der Dichter macht sozusagen den Hebephrenischen für seine Zwecke dadurch brauchbar, daß er ihn aus unglücklicher Liebe und gekränktem Ehrgeize krank sein und somit Werthers Spiegelbild bilden läßt.

Werther trifft den Kranken auf einem Spaziergange am 30. November. Dieser sucht Blumen. „Was will er denn mit den Blumen? Ein wunderbar zuckendes Lächeln verzog sein Gesicht. Wenn er mich nicht verrathen will, sagte er, indem er den Finger auf den Mund drückte, ich habe meinem Schatz einen Strauß versprochen.

Das ist brav, sagte ich. O! sagte er, sie hat viel andere Sachen, sie ist reich. Und doch hat sie seinen Strauß lieb, versetzte ich. O! fuhr er fort, sie hat Juwelen und eine Krone. Wie heißt sie denn? Wenn mich die Generalstaaten bezahlen wollten, versetzte er, ich wär' ein anderer Mensch! Ja es war einmal eine Zeit, da es mir so wohl war! Jetzt ist es aus mit mir. Ich bin nun — Ein nasser Blick zum Himmel drückte alles aus. Er war also glücklich? fragte ich. Ach! ich wollte ich wäre wieder so! sagte er. Da war es mir so wohl, so lustig, so leicht, wie ein Fisch im Wasser!" Nun kommt die Mutter dazu, die ihren kranken Sohn sucht. „So stille, sagte sie, ist er nun ein halbes Jahr. Gott sei Dank, daß er nur so weit ist; vorher war er ein ganzes Jahr rasend, da hat er an Ketten im Tollhause gelegen. Jetzt thut er niemand nichts; nur hat er immer mit Königen und Kaisern zu schaffen. Er war ein so guter stiller Mensch, der mich ernähren half, seine schöne Hand schrieb, und auf einmal wird er tiefsinnig, fällt in ein hitziges Fieber, daraus in Raserei, und nun ist er, wie Sie ihn sehen." Was das für eine glückliche Zeit gewesen sei. „Der thörichte Mensch, rief sie mit mitleidigem Lächeln; da meint er die Zeit, da er von sich war, das rühmt er immer; das ist die Zeit, da er im Tollhause war, wo er nichts von sich wußte." Der Kranke ist ein Mensch in einem grünen schlechten Rocke, mit einer „interessanten Physiognomie, darin eine stille Trauer den Hauptzug machte, die aber sonst nichts, als einen geraden guten Sinn ausdrückte".

Inwieweit die einzelnen Züge der Schilderung Goethes der Natur entnommen sind, das läßt sich nicht feststellen. Die Geistesstörungen des jugendlichen Alters, die zur Verblödung führen, beginnen nicht selten mit lebhafter Erregung, es kann sehr wohl auf eine Periode des „Tiefsinns" eine Zeit lebhafter Erregung folgen, die sich als hallucinatorische Verwirrtheit darstellt. Klingt die Erregung ab, so ist der Mensch eine Ruine geworden, er ist dauernd schwachsinnig, es können aber die in der Verwirrtheit entstandenen Wahnvorstellungen festgehalten werden und der Kranke faselt dann von Schätzen und Fürstenthümern ohne seine Ruhe zu verlieren. Der Ausdruck „hitziges Fieber" ist nicht zutreffend, man bezeichnete aber früher lebhafte nervöse Erregungen sehr oft so. Alles in Allem ist Goethes Bild vortrefflich getroffen und auch dann, wenn man von dem Rechtscandidaten Clauer nichts wüßte, würde man die Zeichnung nach der Natur erkennen. Nur ist wie schon bemerkt, die Aetiologie verfehlt. Solche Zustände entstehen nicht aus unglücklicher Liebe, sondern sind in der Regel der Ausdruck einer von vornherein mangelhaften Gehirn-Organisation.

II. £ila.

Sozusagen ausschließlich der Psychiatrie gewidmet ist das Sing- oder Schauspiel „£ila". Es wurde 1777 zuerst aufgeführt, in Rom umgearbeitet. Ob das Stück, wie Manche meinen, ursprünglich auf die Personen des Weimarischen Hofes gerichtet war, kann hier dahin gestellt bleiben. Nach Schröer hat Goethe die Fabel von Frau von Stein erhalten. Sie stammen aus einem älteren französischen Stücke „L'hipocondriaque". Hier wird, wie in der ersten Fassung des Goetheschen Stückes ein Liebender durch die falsche Nachricht von dem Tode der Geliebten wahnsinnig. Sie eilt zu dem Unglücklichen und Alle vereinigen sich, um ihn von seinem Wahne zu heilen, indem sie auf diesen eingehen. Man zeigt ihm mehrere Personen, die für todt gelten und die durch Musik in's Leben gerufen werden. Endlich glaubt der Kranke, er sei selbst vom Tode erweckt worden, und eilt die Geliebte zu umarmen. Schon aus diesem Ursprunge des Stückes ergiebt es sich, daß wir in ihm weder Goethes eigene Anschauungen über Geisteskrankheiten und ihre Heilung zu erwarten haben, noch Auffassungen, die der Zeit vorauseilen. Vielmehr versetzt uns das Stück, dessen Vorbild vor 1650 entstanden ist, in eine schon zu Goethes Zeit mehr oder weniger veraltete Denkart. Die Vorstellung, daß man Geisteskranke durch Eingehen in ihre Wahnvorstellungen heilen könne, fand zwar auch noch zu Goethes Zeit einzelne ärztliche Vertreter, indessen waren doch die wissenschaftlichen Irrenärzte von der Erfolglosigkeit solcher Versuche überzeugt. Immerhin hat diese Vorstellung für das Publicum große natürliche Anziehungskraft. Die meisten Gebildeten mögen zu Goethes Zeit von der Möglichkeit der Vorgänge in „Lila" überzeugt gewesen sein und auch heute noch werden Manche so denken. Ich erinnere mich, daß mir in meiner Jugend ein gebildeter und gelehrter Mann erzählte, man habe einen Geisteskranken von dem Wahne, eine Schlange in sich zu tragen, dadurch befreit, daß man eine Blindschleiche in das durch ein Brechmittel Entleerte practicirte. Sicherlich ist der Glaube an diese Art von Heilwirkungen nicht ohne Grund gewesen. Man wird auf diese Manier einzelne Kranke von krankhaften Vorstellungen befreit haben, nur daß diese Kranken keine eigentlichen Geisteskranken waren, sondern Hysterische. Wollte man die Heilung Lilas retten, so müßte man aus Lila eine Hysterische machen. Zur Noth vertrüge sich diese Auffassung sogar mit Goethes Darstellung. Begreiflicherweise aber sind solche Erwägungen müßig, da es Goethe nicht um die Darstellung naturgetreuer Krankheitbilder zu thun war, er den Wahnsinn, über den er dachte und schrieb, wie es damals unter Gebildeten üblich war, nur als Bild und Gleichniß verwandte. Was er eigentlich sagen wollte, das ist wohl in den schönen Versen des magischen Arztes (s. unten) ausgedrückt.

Daß Goethe für seine Geisteskranke den Namen Lila wählte, das hängt wohl damit zusammen, daß das überspannte Fräulein von Ziegler in Darmstadt Lila genannt wurde. „Die Empfindsamste der Empfindsamen war Lila. Sie hatte ihr Grab und einen Thron in ihrem Garten, ihre Lauben und Rosen und ein Schäfchen, das mit ihr aß und trank. Sie verehrte knieend ihre Freunde und den Mond und feierte Fest- und Fast-Tage bei der Ankunft und dem Abschied ihrer Freunde." Der Inhalt des Stückes ist folgender.

Der Baron Sternthal ist seit Monaten von Hause abwesend. Seine Frau Lila die „immer mit ihren Gedanken zu wenig an der Erde war," „bei Abwesenheit ihres Mannes immer in Sorgen war,"*) erhält einen Brief, der ihr meldet, der Baron sei blessirt: „Da war nun gar kein Auskommen mehr mit ihr." Sie wollte bald reisen, bald nicht, schrieb fortwährend Briefe, erwartete mit jeder Post neue Briefe, glaubte, diese würden von den Angehörigen unterschlagen. „Wenn ich sagen soll, so glaube ich, daß ihr Wahnsinn schon damals ihren Anfang genommen hat; aber wer unterscheidet ihn von der tiefen Melancholie, in der sie begraben war?" End-

---

*) Sie scheint eine Ausnahme in der Familie zu sein, denn diese „schwebte in einem ewig freudigen Leben von Tanz, Gesang, Festen und Ergötzungen".

lich kommt ein Brief, der Baron sei todt. Lila verfällt in „ein hitziges Fieber", das einige Tage dauert. Danach ist sie scheu, unsicher, verschlossen, verlangt Trauerkleider, behängt sich mit allen schwarzen Stoffen, die sie erlangen kann. Die Umgebung suchte zu trösten, die Nachricht sei ungewiß; das machte aber gar keinen Eindruck auf die Kranke, die jedermann zu fürchten oder gar nicht zu bemerken schien. „Seitdem ihr die Phantasieen den Kopf verrückt haben, traut sie niemand, hält ihre Freunde und Liebsten, sogar ihren Mann, für Schattenbilder und von den Geistern untergeschobene Gestalten." Ihre Schwester blickt sie lange an, bald ernsthaft, bald wieder freundlich, und verläßt sie schließlich mit einer Art von Widerwillen. Als der Baron genesen zurückkehrt, flieht sie ihn wie ein Gespenst. Man überläßt sie „der unmenschlichen Behandlung eines Marktschreiers."*) Nach kurzer Zeit geräth sie in Wuth und versteckt sich im Walde. Als die Versuche sie herauszubringen vergeblich sind, läßt der Baron ihr heimlich eine Hütte zurechtmachen, in der sie sich bei Tage verbirgt und wohin ihr ein Kammermädchen Speise bringt. Nachts wandelt sie in ihren Phantasieen umher; sie zieht herum mit losem Haar, geht Kreise im Mondenscheine ab, schleicht mit halb unsicherm Tritt auf und ab, neigt sich bald vor den Sternen, kniet bald auf dem Rasen, umfaßt einen Baum, verliert sich

---

*) Mir schauderts, sagt a. a. St. der Baron, wenn ich an die Curen denke, die man mit ihr gebraucht hat, und ich zittre zu was für weitern Grausamkeiten gegen sie man mich verleiten wollte, und fast verleitet hätte.

in den Sträuchern wie ein Geist. Eines Tages wird
gemeldet: „Lila hat ihrem Kammermädchen, der einzigen
zu der ihr Vertrauen auch bei ihrem Wahnsinn geblieben
ist, unter dem Siegel der größten Verschwiegenheit ver-
sichert, daß sie wohl wisse, woran sie sey: es sey ihr offenbart worden, ihr Sternthal sey nicht todt, sondern werde
nur von feindseligen Geistern gefangen gehalten, die auch
ihr nach der Freiheit strebten; deßwegen sie unerkannt
und heimlich herumwandern müsse, bis sie Gelegenheit
und Mittel fände, ihn zu befreien." Auf diese Aeußerungen gründet ein Arzt, der dazu kommt, den Plan der
Heilung. Er räth, „der gnädigen Frau die Geschichten
ihrer Phantasieen zu spielen." „Wenn wir Phantasie
durch Phantasie curiren könnten, so hätten wir ein Meister-
stück gemacht." („Wodurch wir sie aus dem Wahnsinn
in Raserei werfen könnten," wirft bemerkenswerther
Weise der Baron ein.) Musik, Tanz und Vergnügen
seien das Element der Familie, fährt der Arzt fort, jetzt
aber herrsche todte Stille, das bringe der Kranken keinen
Vortheil. Die Angehörigen sollen die Zauberer, Feen,
Oger und Dämonen, von denen die Kranke spricht, ihr
vorstellen, sollen sie durch Musik und Tanz der dunkeln
Traurigkeit entreißen und vorläufig in ihren abenteuerlichen Hoffnungen bestärken. Der Arzt selbst will sich der
Kranken als weiser Mann, als Magus nähern und sie
ausforschen. Die Familie findet schließlich den Plan des
Arztes vortrefflich und die Sache wird ins Werk gesetzt.

Im zweiten Aufzuge tritt die kranke Lila selbst auf.
„Süßer Tod! süßer Tod! komm und leg mich ins kühle

Grab! — Sie verläßt mich nicht die Melodie des Todes, auch in den Augenblicken, da ich hoffnungsvoll und ruhig bin. Was ist das, das mir so oft in der Seele dämmert, als wenn ich nicht mehr wäre? Ich schwanke im Schatten, habe keinen Theil mehr an der Welt. (Auf Kopf und Herz deutend.) Es ist hier so! und hier! Daß ich nicht kann, wie ich will und mag. — Sagt dir denn nicht eine Stimme in deinem Herzen: „„Er ist nicht auf ewig Dir entriffen, daure nur aus! Er soll wieder Dein sein!"" Dann kommt wieder ein Schlaf über mich, eine Ohnmacht —" .... (folgen Verse). Hier wie anderwärts zeigt Lila durchaus keine Verwirrung, sie handelt geordnet, ist traurig, aber ruhig, und beurtheilt ihre Umgebung richtig, soweit nicht ihre Wahn-Gedanken sie zu falscher Deutung verleiten. Der Arzt tritt ihr als Magus gegenüber. Sie fragt sich, was das für ein Alter sein möge, ein harmloser Mensch oder ein Kundschafter. Es gelingt ihm, ihr Vertrauen zu erwerben, er belehrt sie, daß gütige Geister sie umschweben, daß bekannte Gestalten ihr entgegentreten werden, und schließlich giebt er ihr ein Fläschchen mit balsamischen Tropfen, damit sie bei Erschöpfung ihre Schläfe damit salben könne. Seine Abschieds-Worte lauten:

"Feiger Gedanken
Bängliches Schwanken.
Weibisches Zagen
Aengstliches Klagen
Wendet kein Elend,
Macht Dich nicht frei.

Allen Gewalten
Zum Trutz sich erhalten,

> Nimmer sich beugen,
> Kräftig sich zeigen,
> Rufet die Arme
> Der Götter herbei."

Durch die Worte des Magus ist Lila so stark beeinflußt worden, daß sie erklärt: „Nein, ich will mich einsam nicht mehr abhärmen, ich will mich der Gesellschaft erfreuen, die mich umgiebt. Zaudert nicht länger, liebliche Geister!" Sofort erscheinen tanzende und singende Feen, die tröstlich zureden und Lila an einen gedeckten Tisch führen, wo sie mit der Fee-Oberin speist. Diese erklärt, der Baron sei nicht todt, aber in der Gewalt eines neidischen Dämons, der ihn mit süßen Träumen bändigt und gefangen hält. Lila könne ihn erwecken und befreien, sie könne aber nicht gleich an die Stätte kommen, weil noch manche Gefahr dazwischen liege. Durch Lilas Zaudern sei es dem Dämon geglückt, alle Verwandten und Freunde in seine Gewalt zu locken, er hoffe auch Lila zu überlisten. Sie müsse muthig und vorsichtig allein ihren Weg gehen. Bis morgen aber solle sie schlafen. Diese Art von Trost der Fee ist der Lila offenbar etwas zu stark, sie wird erregt und erklärt, sofort gehen zu wollen und den Pfad des Todes beschreiten zu wollen. „Vom Grabe her säuselt die Stimme des Windes lieblicher, als deine süße Lippe mich locken kann." Die Fee ist betrübt über den „Rückfall", aber der Magus tröstet sie. „Jede Natur die sich aus einem gesunkenen Zustande erheben will, muß oft wieder nachlassen, um sich von der neuen ungewohnten Anstrengung zu erholen."

„Genug daß sie einige Speise zu sich genommen, daß sie den Gedanken gefaßt hat, an ihr liege es die Ihrigen zu retten. Wir haben uns nur zu hüten, daß wir sie nicht zu geschwinde geheilt glauben, daß wir den Gemahl ihr nicht eher zeigen, bis sie fähig ist seine Gegenwart zu ertragen."

Im dritten Aufzuge kommt Lila wieder mit dem Fläschchen des Arzt-Magus in der Hand und trifft auf einen Zug von Gefangenen. Sie geht ihnen muthig entgegen, um sie zu trösten und zu erretten. Zuerst tritt ihr ihr Verwandter Friedrich entgegen und sie erkennt ihn. Früher hatte sie ihn an der gleichen Stelle getroffen, aber für einen Schatten gehalten. Friedrich erklärt ihr nun, eben dadurch, daß sie sich von ihm abwandte, habe der Dämon Macht über ihn erhalten. Er führt ihr in den Gefangenen ihre Nachbarn vor und sie erkennt auch diese. Plötzlich aber wird sie ängstlich und wendet sich ab. Es sei nicht die Furcht vor dem Ungeheuer, sondern die Liebe der Menschen, die sie sich nicht aneignen könne, treibe sie hinweg. Alle stehen verlegen, aber wieder kommt der Magus und verweist auf einen glücklichen Ausgang. Da sie der Liebe wenig Gehör gebe, sollen Gewalt und Unrecht sie aus dem Traume wecken. Er läßt den „Oger" kommen, den die Gefangenen bedienen müssen. Lila kehrt zurück, sieht dem Schauspiele zu und erklärt muthig, sie wolle den Oger überwinden. Es sei ihr offenbart, daß sie dem Oger trotzen müsse und deshalb zunächst das Unglück der Gefangenen theilen müsse, sie sei der Eimer, den das Schicksal in den Brunnen

werfe, um die Freunde herauszuziehen. Sie tritt in der
That dem Oger trotzig entgegen und bedroht ihn mit
der Rache der Götter, als er auch ihr Ketten anlegen
läßt. Nun erklärt Friedrich, diese heldenmüthige That
werde das Reich des Feindes zerstören. Lila verlangt
nach ihren Schwestern, Nichten, Freundinnen, sie brennt
jetzt vor Begierde, sie zu sehen. Die Feen kommen,
trösten und rathen, Lila solle vorwärts gehen, im Garten
am Brunnen Gesicht und Hände waschen, in der Rosen-
laube die Trauer ab- und ein neues festliches Gewand
mit gesticktem Schleier anlegen. Dann werden die Ketten
abfallen, der Schleier werde sie vor dem Dämon schützen
und bald werde sie den Gemahl finden. Lila ist voll
Zuversicht: „Gebt mir den Geliebten frei! Ja ich fühl'
beglückte Triebe! Liebe löst die Zauberei."

Im 4. Aufzuge erreicht die heilende Schauspielerei
ihren Gipfel. Vor einem Gebäude im Garten, in dem
die weiblichen Gefangenen spinnen, arbeiten die männlichen Gefangenen, tanzende Chöre kommen hinzu, auch
der Dämon tanzt mit den ersten Tänzerinnen etwas vor,
Wechselgesänge ertönen. Das alles sieht Lila mit an,
endlich tritt sie, die nun mit einem weißen Kleide ange-
than und mit Blumen geschmückt ist, hervor und wird
von ihren Schwestern u. s. w. umringt. Sie erkennt diese
trotz der Vermummung, läßt sich küssen und umarmen.
Der Magus erklärt ihr: „Du bist am Ziele" und führt
ihr den Baron „in Hauskleidern" entgegen. Die Genesene erklärt: „Ich habe dich, Geliebter, wieder, um-
arme dich, o bester Mann! Es beben alle mir die Glieder

vom Glück, das ich nicht fassen kann". Mit freudigen Gesängen schließt das Stück.

Wenn auch die Fabel der Lila Goethen gegeben wurde, so steckte doch in ihr eine Idee, in der er sein Eigenthum wiederfand und die ihm die Bearbeitung sympathisch machte. Ich meine den Gedanken, daß man sich aus krankhaften Verstimmungen befreien könne durch entschiedene Hinwendung zum Wirklichen. Der Beweis dafür, daß Goethe Heilungen krankhafter Seelenzustände durch Belehrung, durch den Hinweis auf thätige Naturbetrachtung für möglich hielt, wird dadurch gegeben, daß er selbst, freilich ganz erfolglos, eine solche Kur versucht hat. In demselben Jahre, in dem Lila erschien, hatte er von einem Candidaten Plessing Briefe bekommen, in denen dieser seine hypochondrisch-melancholische Verstimmung schilderte und um Hilfe bat. Im December unternahm Goethe seine Harzreise und besuchte Plessing, der in Wernigerode bei seinem Vater wohnte. Goethe führte sich als Landschaftmaler aus Gotha ein, erzählte von Weimar, schilderte die dortigen Zustände und entschuldigte Goethes bisheriges Schweigen durch dessen Ueberlastung. Schließlich ließ er sich Plessings Schreiben an Goethe vorlesen und erkannte, während er dabei Plessing physiognomisch beobachtete, als Grundzug „beschränkte Selbstigkeit". Der Landschaftmaler setzte nun auseinander, in Goethes Kreise gelte es als ausgemacht, daß man sich aus einem schmerzlichen, selbstquälerischen, düsteren Zustande nur durch Naturbeschauung und herzliche Theilnahme an der äußeren Welt retten könne.

Man sei überzeugt, daß die Richtung geistiger Kräfte auf wirkliche und wahrhafte Erscheinungen allmählig Behagen, Klarheit und Belehrung gewähre. Dann schilderte Goethe seine Beobachtungen der Natur auf der Reise durch das Gebirge mit glühenden Farben. Nachdem er sich auf diese Weise angestrengt hatte und seine dichterische Kraft verschwendet hatte, erklärte Plessing mit aller Bestimmtheit, es könne und solle ihm nichts in der Welt genügen. Da fühlte Goethe sein Inneres sich zuschließen, er schied unerkannt und überließ den Unglücklichen seinem Schicksale.

Wir sehen also Goethe hier als Seelenarzt auftreten. Weil seine eigene starke Natur sich an der Wirklichkeit aufgerichtet hatte, glaubte er, man brauche dem Kraftlosen nur den Weg zu zeigen, vergaß, daß dem Gelähmten gute Wege nichts helfen. In ähnlicher Weise mag Goethe manchmal den „Seelenleiden" entgegengetreten sein (z. B. bei Lenz) und mag wiederholt psychiatrische Mißerfolge erzielt haben. Bei Lila und bei Plessing fallen einem Schillers Worte ein: „Leicht bei einander wohnen die Gedanken, doch hart im Raume stoßen sich die Sachen."

III. Faust.

Im Faust hat uns nur die Verwirrtheit Gretchens zu beschäftigen. Ihr Vorbild ist bekanntlich die Geisteskrankheit der Ophelia. Die Erkrankung ist bei Gretchen besser motivirt als bei Ophelia, da bei jener nicht nur Erschütterungen des Gemüthes vorausgegangen sind, sondern auch Schwangerschaft und Wochenbett. Doch darf man wohl kaum annehmen, daß Goethe an einen solchen Zusammenhang gedacht habe, wenn man auch den Geisteszustand der Kindesmörderinnen, beziehungsweise die Zustände von Verwirrtheit bei diesen zu Goethes Zeit wiederholt besprochen hat. Goethe häuft auf Gretchen soviel Kummer, daß nach allgemeiner Auffassung ihre Geistesverwirrung überreichlich motivirt ist: Angst und Gewissensbisse wegen außerehelicher Schwangerschaft, Mißachtung der Umgebung, besonders die Schmähungen des Bruders, Tod der Mutter durch eigene Schuld, Tod des Bruders durch den Geliebten und somit indirect durch eigene Schuld, Flucht des Geliebten, Mord des eigenen Kindes. Hans Lähr hat die Umstände, die Goethe von

Shakespeare entlehnte, und das, was er selbst hinzuthat, sehr gut erörtert. Er sagt: „Goethe hat eben das Bild der Verwirrtheit, das er von seinem großen Vorgänger übernahm, nicht in seinen zufälligen Einzelheiten nachgeahmt, sondern die Grundzüge übernommen und mit eigenem ausgefüllt. Er hat sich in das Wesen der Krankheit, wie es sich ihm in Ophelien darbot, hineingefunden und hineingedacht und konnte deshalb der Form, die er sich zu eigen gemacht, ohne ängstliche Anlehnung einen neuen Inhalt geben."

Ich möchte nur noch auf die folgenden Verse besonders aufmerksam machen.

> „Sag niemand daß du schon bei Gretchen warst,
> Weh meinem Kranze!
> Es ist eben geschehn!
> Wir werden uns wiedersehn!
> Aber nicht beim Tanze."

Diese Verse könnten sehr wohl aus einem Irrenhause stammen. Die an acuter Verwirrtheit Leidenden haben oft die Neigung, in Reimen zu sprechen, und zwar ruft bei ihrem traumhaften Zustande ein Schlußwort zunächst ein Reimwort hervor und je nach der Art des ihnen einfallenden Reimwortes formen sie die zweite Zeile. „Weh meinem Kranze" ist durch sachliche Association gegeben, dagegen das „aber nicht beim Tanze" ist ersichtlich nur wegen des Reimes, durch äußere Association hinzugefügt. Auch hier hat Goethe sicher nicht die Absicht gehabt, bestimmte Irre nachzuahmen, sondern man könnte zunächst sagen, die Verse haben sich ihm gebildet, weil er sich in den Zustand traumhafter Verwirrtheit hineindachte.

Im ursprünglichen Faust lautet die entsprechende Stelle:

> "Sags niemand daß du die Nacht vorher, bey Gretchen warst. — Mein Kränzgen! — Wir sehen uns wieder! — Hörst du die Bürger schlürpfen nur über die Gassen! U. s. w.

Die Versbildung stammt wohl aus dem Jahre 1798. Wunderlicherweise geben gerade die eigentlich nicht glücklichen Flickverse „es ist eben geschehn" und „aber nicht beim Tanze" der Stelle ihr sozusagen naturwahres Aussehen, d. h. machen sie den gereimten Aussagen mancher Irren ähnlich, eine glückliche Wirkung, die kaum überlegt ist.

IV. Iphigenie.

Die Ausleger heben hervor, daß beim Entwurfe der Iphigenie Goethe sich selbst im Orest erblickt habe. Nun ist es gewiß richtig, daß sich Goethe, wie einzelne Aeußerungen von ihm darthun, gelegentlich als Opfer der Eumeniden fühlte, aber dabei handelte es sich doch nur um vorübergehende Stimmungen, um leidenschaftliche Ausbrüche, die keine Dauer hatten. Bei der Schilderung des Orest hat Goethe schwerlich an sich selbst gedacht, vielmehr nahm er einfach den Orest des Euripides zum Vorbilde und vergeistigte sein Vorbild, so daß die Strafe der Götter mehr als natürliche Wirkung der Gewissensqual erscheint. Wir dürfen demnach in dem wahnsinnigen Orest nicht das Bild eines wirklichen Geisteskranken suchen. Gewiß lag dem jungen Goethe nichts ferner, als sich zu fragen, ob die Symptome und der Verlauf bei seinem Orest der Wirklichkeit entsprechen möchten.

Goethe schildert den Orest als dauernd krankhaft verstimmt mit anfallsartigen Steigerungen des Uebels. In seinem gewöhnlichen Zustande ist er von seinen

Schmerzen niedergedrückt, aber vollkommen besonnen und von ruhiger Haltung. Er sagt von sich, daß ihm eine Götterhand das Herz zusammendrücke, den Sinn betäube, daß er geheimen Schmerz und Tod im Busen trage, er wünscht, daß ein Gott von seiner schweren Stirn den Schwindel nehme. Er ist ruhelos: um der Blutschuld willen treibt die Furie gewaltig ihn umher. Die Eumeniden sind die Immerwachen, d. h. sie lassen ihm Tag und Nacht keine Ruhe. Ueber die Entstehung des Uebels erfahren wir von Orest selbst folgendes:

> „Wie gährend stieg aus der Erschlagenen Blut
> Der Mutter Geist
> Und ruft der Nacht uralten Töchtern zu:
> „„Laßt nicht den Muttermörder entfliehn!
> Verfolgt den Verbrecher! Euch ist er geweiht!""
> Sie horchen auf, es schaut ihr hohler Blick
> Mit der Begier des Adlers um sich her.
> Sie rühren sich in ihren schwarzen Höhlen,
> Und aus den Winkeln schleichen ihre Gefährten,
> Der Zweifel und die Reue leis' herbei
> Vor ihnen steigt ein Dampf vom Acheron;
> In seinen Wolkenkreisen wälzet sich
> Die ewige Betrachtung des Gescheh'nen
> Verwirrend um des Schuld'gen Haupt umher.
> . . . .
>
> Den Flüchtigen verfolgt ihr schneller Fuß;
> Sie geben nur, um neu zu schrecken, Rast."

Im heiligen Haine, wo die Schwester weilt, fühlt sich Orest erleichtert, er meint, die Furien dürften mit den „ehr'nen frechen Füßen" des heil'gen Waldes Boden nicht betreten, er glaubt ihr gräßliches Gelächter nur aus der Ferne zu hören. Als er jedoch erfährt, daß die Priesterin, die ihn opfern soll, seine Schwester Iphigenie ist, glaubt er den Hohn der Götter zu erkennen, geräth in die heftigste Aufregung, ruft den Geist der Mutter und die Furien an und „sinkt in Ermattung." Als er aus seiner Betäubung erwacht und sich aufrichtet, delirirt er, wie etwa ein Hysterischer im Anschlusse an einen Krampfanfall es thun möchte. Er glaubt in der Unterwelt zu sein, seine grimmigen Vorfahren vereint und in friedlichem Verkehre zu erblicken, er bittet in ihren Kreis aufgenommen zu werden. Als Pylades und Iphigenie dazu kommen, redet er sie zunächst im Sinne seines Delirium an, orientirt sich aber rasch, er „rast nicht mehr in der Finsterniß des Wahnsinns," wie sich Iphigenie ausdrückt, fühlt vielmehr sein Herz frei und froh, erkennt, daß er geheilt ist.

> „Es löset sich der Fluch, mir sagt's das Herz.
> Die Eumeniden ziehn, ich höre sie,
> Zum Tartarus und schlagen hinter sich
> Die ehr'nen Thore fernabdonnernd zu.
> Die Erde dampft erquickenden Geruch
> Und ladet mich auf ihren Flächen ein
> Nach Lebensfreud' und großer That zu jagen."

Goethe will in dem von ihm geschilderten Anfalle die eigentliche Krankheit Orests darstellen, denn dieser sagt nachher selbst, in Iphigeniens Armen habe das Uebel mit allen seinen Klauen ihn zum letzten Male erfaßt und habe ihm das Mark entsetzlich zusammengeschüttelt. Dann sei es entflohen „wie eine Schlange zu der Höhle." Indem Iphigeniens Berührung den heftigen Anfall auslöste, heilte sie den Kranken: „von dir berührt war ich geheilt." Pylades meldet: „der Bruder ist geheilt," er habe sich ungefährdet außerhalb des heiligen Haines bewegt, sei heiter und hoffnungsvoll geblieben.

Wenn auch Pylades den Orest als einen „Mann, der von dem Wahnsinn schwer belastet ist", bezeichnet, so erscheint uns doch Orest bei Goethe nicht sowohl als ein Wahnsinniger, denn als ein Mann, den die Gewissensqual umhertreibt und zur Verzweiflung bringt. Goethe benutzt die Vorstellung von den Eumeniden und hat offenbar seine Freude an den Gestalten der antiken Phantasie, aber im Grunde sind sie ihm doch Symbole und es wäre ihm nicht möglich, sie auf die Bühne zu bringen, wie es Aeschylos gethan hat.[1]) Auch der Anfall, den Orest erleidet, hat bei Goethe nicht den Charakter eines epileptischen Zufalles, sondern es handelt sich eigentlich nur darum, daß ein Mensch in übergroßem Seelenschmerze die Besinnung verliert, ein Ereigniß, daß den Dichtern leicht zur Hand ist.

Bei der Vergeistigung, die die Fabel durch Goethe erfahren hat, muß die Art, wie Orest in Goethes Iphigenie geheilt wird, einiges Bedenken erregen. Man versteht nicht recht, wie die Heilung zu Stande kommt. Daß die Berührung Iphigeniens durch einen einfachen Zauber heilt, wie früher die französischen Könige Kranke durch

---

[1]) Schiller schreibt am 22. 1. 1802 an Goethe: „Orest selbst ist das Bedenklichste im Ganzen; ohne Furien ist kein Orest, und jetzt da die Ursache seines Zustandes nicht in die Sinne fällt, da sie bloß im Gemüth ist, so ist sein Zustand eine zu lange und zu einförmige Qual, ohne Gegenstand. Hier ist eine von den Grenzen des alten und neuen Trauerspiels."

einfache Berührung heilten, das kann man nicht annehmen.
Goethe sagt zwar: „alle menschlichen Gebrechen sühnet
reine Menschlichkeit". Das mag sein und gewiß ist
Iphigenie eine Vertreterin reiner Menschlichkeit, aber
magisch kann diese auch nicht heilen. Die Einwirkung
muß doch motivirt sein. Die Freude über die wieder=
gefundene Schwester kann das Motiv nicht sein, denn
Orest freut sich gar nicht. Erst hält er Iphigenien für
eine Betrügerin, dann faßt ihn das Entsetzen über den
Gedanken, daß die Schwester als Priesterin den Bruder
tödten werde. Aus dem Entsetzen geräth er in die Be=
wußtlosigkeit, aus dieser erwacht er geheilt. Wenigstens
drücken die ersten Worte schon, die er mit freiem Be=
wußtsein spricht, das Wissen der Heilung aus. Man
müßte also annehmen, daß ihn während der Worte des
Pylades, Schwester und Freund seien leibhaftig da, die
Freude ergreife und heile. Aber diese Auffassung läßt
sich mit dem Worte, die Berührung Iphigeniens habe
Orest geheilt, nicht vereinigen. Eigentlich sollte man
meinen, erst dann, wenn Orest den ganzen Zusammen=
hang durchschaut, wenn er einsieht, daß doch gütige
Götter ihn leiten und einen glücklichen Abschluß vorbe=
reiten, erst dann sollte die Erkenntniß der göttlichen
Gnade ihn von der Angst befreien. —

Einige Worte verdienen noch die Stellen, in denen
vom erblichen Fluche der Tantaliden gesprochen wird.
Im antiken Sinne, sowohl bei den Griechen als bei den
Hebräern, hat der göttliche Fluch mit Vererbung in
unserem Sinne gar nichts zu thun. Der Gott verflucht

einen Menschen und sein Geschlecht. Der Sohn des Verfluchten erbt seinen Fluch, wie er sein Geld erbt; es ist reines Rechtsverhältniß, ein Act despotischer Justiz. Bei dieser Auffassung ist es durchaus zulässig, daß bei diesem oder jenem Nachkommen oder an einer bestimmten Stelle der Geschlechterfolge der Fluch aufgehoben wird. Die göttliche Willkür hat den Fluch auf das Geschlecht gelegt, paßt es ihr, so läßt sie Gnade walten und zieht den Fluch zurück. Ein Reiner inmitten einer verworfenen Familie hat also für die antike Auffassung nichts Auffälliges.

Goethe übernimmt die alte Fabel, modernisirt sie aber, indem er sie im Sinne der biologischen Vererbung auslegt. Es heißt:

„Denn es erzeugt nicht gleich
Ein Haus den Halbgott, noch das Ungeheuer;
Erst eine Reihe Böser oder Guter
Bringt endlich das Entsetzen, bringt die Freude
Der Welt hervor."

Das ist ganz im Sinne moderner Naturforscher gesprochen: Die vortheilhaften wie die nachtheiligen Eigenschaften werden durch Vererbung gesteigert. Auf der ungünstigen Seite lehrt Goethe wie Morel la dégénérescence progressive. Vom Geschlechte des Tantalus wird gesagt:

„Zwar die gewalt'ge Brust und der Titanen
Kraftvolles Mark war seiner Söhn' und Enkel
Gewisses Erbtheil; doch es schmiedete
Der Gott um ihre Stirn ein ehern Band.
Rath, Mäßigung und Weisheit und Geduld

> Verbarg er ihrem scheuen düstern Blick;
> Zur Wuth ward ihnen jegliche Begier,
> Und grenzenlos drang ihre Wuth umher."

Es handelt sich also um eine Verbrecher-Familie. Der gewaltthätige Charakter, der Mangel an Gerechtigkeit und Liebe vererbt sich von Geschlecht zu Geschlecht. Zu der modernen Auffassung passen aber die alten Thatsachen nicht. Im antiken Sinne wird Klytämnestra, sobald sie in die Familie eintritt, Miterbin des Fluches, es ist daher begreiflich, daß sie wie ihre Verwandten Ehebruch und Mord auf sich lädt. Im modernen Sinne aber ist dies nicht begreiflich. Noch weniger wird die Erscheinung der Iphigenie verständlich. Goethe fühlt dies, denn er läßt den Thoas sagen: "Sage nun durch welch ein Wunder von diesem wilden Stamme du entsprangst." Die sittliche Hoheit Iphigeniens widerspricht ja gerade der Lehre, daß eine Reihe Böser das Entsetzen der Welt hervorbringe, sie wächst, um mich grob auszudrücken, wie die Blume aus Moder. Goethe giebt gar keine Erklärung für das "Wunder"; er wandte sich wohl ab, weil er nicht gern denken mochte, daß Antikes und Modernes nicht zusammenpassen.

V. Tasso.

In „Tasso" ist der Held geisteskrank. Ein Schauspiel mit einem irren Helden ist eigentlich eine ästhetische Unmöglichkeit, denn ein Unzurechnungsfähiger kann nicht nur nicht bestraft werden, sondern auch nicht tragisch wirken, da ihm die erste Voraussetzung, die normale Motivation fehlt. Wie war es möglich, daß Goethe sich einem solchen Vorwurfe aussetzte? Wie besonders Kuno Fischer auseinander gesetzt hat, kannte Goethe, als er den Plan des Schauspiels entwarf, Koppens Uebersetzung des befreiten Jerusalem, beziehungsweise dessen Vorrede und Manso's Vita di Torquato Tasso. Das 1785 erschienene Werk des Abate Serassi lernte er erst auf der italienischen Reise kennen, er studirte es in Rom. Bekanntlich arbeitete Goethe das schon vor der Reise Niedergeschriebene ganz um und erst 1790 erschien Tasso in seiner jetzigen Form. Goethes Tasso ist nun insofern eine wunderliche Gestalt, als er thatsächlich die Symptome der Paranoia zeigt, aber doch nicht als Geisteskranker gilt. Mir scheint, daß man die Sache folgendermaaßen auffassen muß. Als Goethe den Tasso entwarf, dachte er sich seinen Helden als einen höchst leidenschaftlichen, reizbaren, phantastischen, seinen Stimmungen unterworfenen Menschen. Goethe sagt zu Eckermann: „Ich hatte das Leben Tassos, ich hatte mein eigenes Leben und indem ich zwei so wunderliche Figuren mit ihren Eigenheiten zusammenwarf, entstand mir das Bild des Tasso." Nach der italienischen Reise bestimmten die historischen Forschungen seinen „Wirklichkeit-Sinn", im Bilde Tassos auch die ausgesprochen krankhaften Symptome des historischen Tasso zu zeichnen. Aus Serassi habe er, sagt Schröer, Einzelheiten entnommen, in denen Tassos hypochondrische Grillen in der Dichtung gezeichnet sind. Das ist aber viel zu mild ausgedrückt. Es handelt sich eben nicht um hypochondrische Grillen, sondern um ausgebildeten Verfolgungswahn und es ist unverkennbar, daß das Aesthetische durch das historische geschädigt worden ist, wenn es auch nicht Jeder bemerken mag.

Der historische Tasso scheint von seiner Mutter die Anlage zur Geisteskrankheit geerbt zu haben. Er war 1544 geboren und hatte von Jugend an ein unruhiges und bedrängtes Leben, da sein Vater wegen der Inquisition fliehen mußte und ihn mit sich führte. Seine Geisteskrankheit scheint um das 30. Lebensjahr begonnen zu haben. Er hatte ohne jeden Grund Furcht vor der Inquisition, war immer in Angst und ohne Ruhe. Dann traten Sinnestäuschungen auf, Tasso hörte Geräusche, als ob in seinem Ohre ein Uhrwerk wäre, dann Stimmen verschiedener Art, er glaubte in seinem Zimmer Katzen und Gespenster, Dämonen und Heilige zu finden. Auch zeigte sich bei ihm die bemerkenswerthe Erscheinung der einander widersprechenden Hallucinationen; bald glaubte er sich von einem Teufelskobold geplagt, der ihm auflauerte und ihm die Sachen aus den Händen nahm, bald erschien ein guter Geist in leuchtender Jünglings-Gestalt, der tiefsinnige Gespräche führte. In Antonio Montecatino sah Tasso seinen Feind und Verderber, das Haupt seiner Verfolger. In einer Denkschrift an den Herzog von Urbino hat er 1578 seine Verfolgungen geschildert, diese Schilderung wollte er abschriftlich verbreiten lassen. Tasso war entschieden gemeingefährlich. Im Jahre 1577 glaubte er in einem Diener einen Spion der Inquisition zu erblicken und fiel ihn mit einem Dolche an. Damals bestrafte ihn der Herzog von Ferrara nur mit einigen Wochen Stubenarrest. Im Jahre 1579 aber sah sich der Herzog veranlaßt, Tasso in das Annenhospital bringen und dort 7 Jahre lang festhalten zu lassen. Nach seiner Entlassung zog Tasso ruhelos in Italien umher, hielt sich meist in Klöstern auf, erduldete Noth und Armuth, starb 1595 zu Rom.

Goethes Schilderung nun ist so gerathen, daß man sagen könnte, hier wird mit großer Feinheit und mit Sachkenntniß ein Kranker, der an beginnender Paranoia leidet, beschrieben. Ein von vornherein wunderlicher Mensch zeigt sich mehr und mehr mit der Welt zerfallen; zwar weiß er sich noch für gewöhnlich zu beherrschen, in Zuständen der Erregung aber wirft er den Schleier ab und entblößt sozusagen den im Geheimen herangewachsenen

Verfolgungswahn. Tasso wird von Goethe geschildert als ein Mann, der ganz in seinen Phantasieen lebe, die Einsamkeit liebe. Er meide die Menschen und es sei zu fürchten, „daß sein Argwohn sich nicht zuletzt in Furcht und Haß verwandle". „Begegnet ja, daß sich ein Brief verirrt, daß ein Bedienter aus seinem Dienst in einen andern geht, daß ein Papier aus seinen Händen kommt, gleich sieht er Absicht, sieht Verrätherei und Tücke, die sein Schicksal untergräbt." Er sei auch gegen den Fürsten mißtrauisch, obwohl ihn dieser mit großer Nachsicht und Geduld behandle, z. B. eine Untersuchung angeordnet habe, als Tasso glaubte, man habe sein Zimmer erbrochen. Sei er in Leidenschaft, so schmähe er auf Alle, auch den Fürsten und die Prinzessin. Weiter sei er in mancher Hinsicht wunderlich. Er putze sich gerne, trage feine Stoffe, Stickereien, könne aber nicht für sich sorgen, verliere, was er habe; komme er von einer Reise zurück, so fehle ihm ein Dritttheil der Sachen. Antonio sagt:

> „Und läßt er nicht vielmehr sich wie ein Kind
> Von allem reizen, was den Gaumen schmeichelt?
> Wann mischt er Wasser unter seinen Wein?
> Gewürze, süße Sachen, stark Getränke,
> Eins um das andre schlingt er hastig ein,
> Und dann beklagt er seinen trüben Sinn,
> Sein feurig Blut, sein allzuheftig Wesen,
> Und schilt auf die Natur und das Geschick.
> Wie bitter und wie thöricht hab ich ihn
> Nicht oft mit seinem Arzte rechten sehn.
> „„Ich fühle dieses Uebel"" sagt er bänglich,
> Und voll Verdruß. „„Was rühmt ihr eure Kunst?
> Schafft mir Genesung!"" Gut, versetzt der Arzt,
> So meidet dies und das. — „„Das kann ich nicht.""

So nehmet diesen Trank. — „„O nein, der schmeckt
Abscheulich, er empört mir die Natur. —"„
So trinkt denn Wasser. — „„Wasser? Nimmermehr!
Ich bin so wasserscheu als ein Gebissener. —""
So ist euch nicht zu helfen. — „„Und warum?""
Das Uebel wird sich stets mit Uebeln häufen,
Und wenn es euch nicht tödten kann, nur mehr
Und mehr mit jedem Tag euch quälen. — „„Schön!
Wofür seyd ihr ein Arzt? Ihr kennt mein Uebel;
Ihr solltet auch die Mittel kennen, sie
Auch schmackhaft machen, daß ich nicht noch erst,
Der Leiden los zu seyn, recht leiden müsse.""

„Wohin er tritt, glaubt er von Feinden sich
Umgeben. Sein Talent kann niemand sehn,
Der ihn nicht neidet, niemand ihn beneiden,
Der ihn nicht haßt und bitter ihn verfolgt.
So hat er oft mit Klagen dich beläftigt:
Erbroch'ne Schlösser, aufgefang'ne Briefe,
Und Gift und Dolch! Was vor ihm alles schwebt!"

Tasso selbst trägt in den ersten Aufzügen keine eigentlich krankhaften Züge. Im Streite mit Antonio zeigt er sich heftig, aber sein Zorn ist durchaus berechtigt. Erst als er sich vom Fürsten ungerecht behandelt glaubt, trägt seine Verzweiflung eine pathologische Färbung. Weil er im Palaste den Degen gezogen, bekommt er Zimmer-Arrest. Nun nennt er seine Stube einen Kerker und sagt:

„Das häßliche zweideutige Geflügel,
Das leidige Gefolg' der alten Nacht,
Es schwärmt hervor und schwirrt mir um das Haupt.
Wohin, wohin beweg' ich meinen Schritt,
Dem Ekel zu entfliehn, der mich umsaust,
Dem Abgrund zu entgehen, der vor mir liegt?"

Das Geflügel sind offenbar die Wahnvorstellungen.

> „Ich soll erkennen, daß mich niemand haßt,
> Daß niemand mich verfolgt, daß alle List
> Und alles feindliche Gewebe sich
> Allein in meinem Kopfe spinnt und webt."

Er beschließt „sich zu verstellen", d. h. er dissimulirt, wie es thatsächlich die Paranoia-Kranken thun.

Als dann der Prinzessin gegenüber seine Stimmung umgeschlagen hat, er die Fürstin im Ueberschwange geküßt hat, dann zurückgewiesen und gewissermaaßen verbannt wird, da bricht er von neuem aus und enthüllt nun ganz sein pathologisches Wesen. Der Fürst ist ein Tyrann, Antonio sein Marterknecht, jenes Güte war Verstellung und alles ist böse Absicht.

> „So hat man mich bekränzt, um mich geschmückt
> Als Opferthier vor den Altar zu führen!
> So lockte man mir noch am letzten Tage
> Mein einzig Eigenthum, mir mein Gedicht
> Mit glatten Worten ab, und hielt es fest!
> Mein einzig Gut ist nun in euren Händen,
> Das mich an jedem Ort empfohlen hätte;
> Das mir noch blieb, vom Hunger mich zu retten!
> Jetzt seh ich wohl, warum ich feiern soll.
> Es ist Verschwörung, und du bist das Haupt. [Antonio]
> Damit mein Lied nur nicht vollkommen werde,
> Daß nur mein Name sich nicht mehr verbreite,
> Daß meine Neider tausend Schwächen finden,
> Daß man am Ende meiner ganz vergesse,
> Drum soll ich mich zum Müßiggang gewöhnen,
> Drum soll ich mich und meine Sinne schonen;
> O werthe Freundschaft, theure Sorglichkeit!
> Abscheulich dacht ich die Verschwörung mir,
> Die unsichtbar und rastlos mich umspann;
> Allein abscheulicher ist es geworden. —

Und du Sirene [die Prinzessin]! die du mich so zart,
So himmlisch angelockt, ich sehe dich auf einmal . . .
Wie lang verdeckte mir dein heilig Bild
Die Buhlerin [die Gräfin], die kleine Künste treibt . . .
Euch alle kenn ich! Sey mir das genug!"

Trotz dieses Ausbruches beruhigt sich Tasso nach einigen Minuten, besinnt sich darauf, daß ihm sein poetisches Talent geblieben sei, und klammert sich an den geschmähten Antonio an. Ereignete sich die Scene wirklich, so würde der Sachverständige an das Rohr im Winde nicht glauben, sondern mit Recht erneute Dissimulation vermuthen.

Dadurch, daß Goethe mit dem dem Serassi entnommenen Satze: „es ist Verschwörung und du bist das Haupt" den Tasso als Paranoia-Kranken charakterisirt, beging er zweifellos einen Fehler. Jedoch darf man von Goethe nicht die Kenntnisse eines Irrenarztes verlangen. Er konnte nicht wissen, daß einer, der einmal so spricht, wie er den Tasso sprechen läßt, ein unheilbar Verrückter ist. Ihm konnte der Ausbruch des Verfolgungswahnes als eine „hypochondrische Grille" erscheinen, die vorübergeht und trotz der Tasso ein zwar erregter, aber in der Hauptsache gesunder Mensch bleibt. Er wollte Tasso nicht als einen Unzurechnungsfähigen darstellen und er täuschte sich über die Bedeutung der von ihm verwertheten historischen Notizen. Ja, nicht nur vom Standpunkte des Laien aus, sondern auch von dem der Aerzte seiner Zeit aus, muß man Goethe entschuldigen. Wahrscheinlich würde manches Medicinal-Collegium, dem man die Acten des Goethischen Tasso vorgelegt hätte, im

Jahre 1790 den Inculpaten für zurechnungsfähig gehalten haben. Auch ist mir nicht bekannt, daß Jemand Goethe auf die Bedenklichkeit der Verfolgungsvorstellungen aufmerksam gemacht hätte. Heinroth freilich (im Jahre 1820) zählt Goethes Tasso zu den „Wahnsinnigen" (irrthümlicherweise, nämlich im Sinne seines Systems), aber er macht keine weiteren Bemerkungen. Gerade die Form der Geisteskrankheit, an der Tasso litt, ist recht spät richtig beurtheilt worden. Freilich bei der Schilderung Serassis konnte gegenüber der Fülle der Hallucinationen u. s. w. wohl zu keiner Zeit ein Zweifel über die Geistesstörung bestehen, aber in den Fällen, in denen wie bei Goethes Tasso nur Verfolgungsvorstellungen geäußert werden, nahm man früher oft die Sache zu leicht. Daß Rousseau, an den Goethes Tasso erinnert, geisteskrank war, wußten die Einsichtigeren seiner Zeitgenossen, aber man verkannte doch damals und später die Schwere der Erkrankung, stellte sich etwa vor, es habe sich um einige „fixe Ideen" gehandelt, die wie Unkraut auf einem sonst gesunden Beete aufwuchsen. Aehnlich mag es Goethe mit Tasso ergangen sein; es konnte seinem Scharfblicke nicht entgehen, daß sein Tasso eine „pathologische" Figur war, aber er hielt dafür, man bewege sich da auf einem Grenzgebiete, auf dem ebenso wie im Reiche der Leidenschaften die normale Psychologie herrsche und das der poetischen Verwerthung zugänglich sei.

Daß, wie Schöll will, Goethe den ausbrechenden Wahnsinn Tassos als Katastrophe betrachtet habe, kann ich durchaus nicht glauben. Es hieße das, Tasso sei durch die Aufregungen, die im Stücke geschildert werden, verrückt geworden und gebe ebendadurch dem Stücke einen tragischen Abschluß. Mir scheint das ganz und gar nicht dem Sinne Goethes zu entsprechen und durch die Schluß-Scene direct widerlegt zu werden. Damit wird auch Schölls ästhetisches Bedenken erledigt: „Die lebendige Schönheitsentfaltung schlägt in diesen häßlichen, die empfindlichste Sympathie in diesen antipathischen Zustand nieder, und der Aether der Poesie breitet sich um uns als die drückende Luft der Krankenstube, welche die Welt für Tasso bleibt." Ich sollte meinen, mit solchen Worten widerlegte Schöll seine eigene Auffassung.

Daß die Paranoia nicht „ausbrechen", sondern höchstens plötzlich offenbar werden kann, will ich nicht besonders betonen, denn diesen Unterschied hätte Goethe kaum machen können. Dagegen ist noch das gegen Schöll einzuwenden, daß nach Goethes Auffassung die „Katastrophe" in der Zerstörung des Verhältnisses zwischen Tasso und dem fürstlichen Hause bestehen dürfte. Durch seine Aufregungen richtet Tasso das angenehmste Verhältniß zu Grunde, nimmt sich den Boden, auf dem er zur schönsten Entwickelung gediehen war, macht sich freund- und heimathlos. Das ist doch für ein „Schauspiel" Katastrophe genug. Was Goethe sich bei der Schlußscene gedacht hat, das weiß niemand. Ich glaube, daß er selbst den Leser im Ungewissen lassen wollte. Er kannte den elenden Verlauf des wirklichen Lebens Tassos, er konnte deshalb und auch aus anderen Gründen dem unglücklichen Dichter nicht eine glänzende Zukunft in Aussicht stellen.

Andererseits war es seiner concilianten Natur zuwider, mit einem Ausblicke auf endlosen Jammer zu schließen. Er wählte daher die vorliegende Form, bei der jeder denken kann, was er will. Das aber scheint höchst wahrscheinlich, daß Goethe auch am Schlusse den Tasso nicht als einen ausgesprochen Geisteskranken darstellen wollte.

VI. Wilhelm Meister.

1. Der Harfenspieler.

Der Umstand, daß Goethe den Wilhelm Meister immer und immer wieder liegen ließ, an ihm zu ganz verschiedenen Zeiten arbeitete, hat offenbar auch die Figur des Harfenspielers zu Schaden kommen lassen. Man kann nicht annehmen, daß alles, was von ihm erzählt wird, einem Entwurfe entstamme. Zuerst hat Goethe wahrscheinlich Mignon und den Harfner als Contrastfiguren hingestellt und sich an diesem Bilde erfreut. Demnächst mag im Laufe der Erzählung die Geisteskrankheit des Harfners entstanden sein. Viel später muß Goethe in dem Bedürfnisse, alles zu verknüpfen und abzuschließen, die arg romanhafte Erzählung des Markese hinzugefügt haben, ohne zu bemerken, daß das Alte nicht recht zu dem Neuen stimmte. Bekanntlich sind die Lehrjahre unter Schillers Einwirken etwas rasch abgeschlossen worden. Dadurch erklärt sich wohl das weniger glücklich Gerathene.

Im Anfange wird der Harfner als ein ganz alter Mann geschildert. Sein kahler Scheitel war von wenig grauen Haaren umkränzt, er hatte weiße Augenbrauen, große blaue, sanfte Augen, eine wohlgebildete Nase, einen langen weißen Bart, einen schlanken Körper. Gewöhnlich wird er „der Alte" genannt. Er singt viele deutsche Lieder, spricht ungern, aber alles, was er sagt, ist verständig. In einer langen Unterredung, die Wilhelm mit ihm hat, antwortet der Alte anmuthig auf alles und mit der reinsten Uebereinstimmung durch Anklänge, wobei alle verwandten Empfindungen rege werden. Später wird er ausgesandt, um die Amazone zu suchen, und benimmt sich dabei sehr vernünftig. Daß hinter ihm etwas sonderbares steckt, erfährt man anfänglich nur daraus, daß er im Stillen weint und singt. Später wird das Pathologische deutlicher: der Alte erklärt, er wolle fort, er müsse unstet und flüchtig sein, er bringe seiner Umgebung Unglück, er deutet auf ein schaudervolles Geheimniß hin, auf die Rache, die ihn verfolgt. Bei diesen Erklärungen weint er und in seinen Augen glüht ein sonderbares Feuer. Mit Mignon hält er gute Freundschaft, aber der Knabe Felix regt ihn auf und es scheint, daß sein Zustand durch dessen Gegenwart verschlimmert wird. Endlich in der Nacht nach Aufführung des Hamlet bricht im Hause Feuer aus und der Harfner, der wahrscheinlich das Feuer gelegt hat, wird „rasend," will den Felix umbringen. Nemlich als er im Hofe mit Felix allein ist, zündet er das vorhandene Stroh an, legt dem Knaben die Hände aufs Haupt und zieht ein Messer, als ob er das Kind opfern wollte. Er wird gestört, flieht, kehrt dann zurück und singt ein Lied. Das Lied enthielt den Trost eines

Unglücklichen, „der sich dem Wahnsinne ganz nahe fühlt."
Wilhelm sperrt den Alten in das Gartenhaus und führt
„ein wunderbares Gespräch" mit ihm. Offenbar tritt
nach der Aufregung in der Brandnacht Beruhigung ein,
aber der frühere Zustand wird nicht wieder erreicht, denn
es heißt, daß der unglückliche Alte deutliche Spuren des
Wahnsinnes zeige. Er wird zu einem Landgeistlichen
gebracht, bekommt hier einen Stundenplan, unterrichtet
Kinder im Harfenspiele, arbeitet im Garten und gelangt
allmählich zu Ruhe und Heiterkeit.

Später trifft der anscheinend geheilte Harfner auf
dem Schlosse des Oheims ein. Kutte und Bart fehlen,
an seinem bedeutenden Gesicht erscheinen die Züge des
Alters nicht mehr. Gestalt und Wesen sind bedeutend,
ernsthaft, auffallend. Der Wahn, von dem der Mann
geheilt ist, bestand in der Hauptsache angeblich darin, daß
er überallhin Unglück zu bringen fürchtete und glaubte,
der Tod stehe ihm durch einen unschuldigen Knaben
bevor. Die Genesung sei dadurch geglückt, daß er sich eine
Flasche mit Opium aneignete, als ein jederzeit bereites
Mittel zur Befreiung. „Das Gefühl, daß es wünschens-
werth sei, die Leiden dieser Erde durch den Tod geendigt
zu sehen, brachte mich zuerst auf den Weg der Genesung."
Er könne die Schmerzen (welche, erfährt man nicht) nur
ertragen, wenn er den Talisman habe. Unglücklicherweise fallen die Aufzeichnungen des Markese, die seine
Jugendgeschichte enthalten, in die Hand des Genesenen.
Er beschließt nun, das Opium zu nehmen, und macht
es zurecht, indem er es in ein Glas gießt und eine Flasche

Der Harfenspieler.

Mandelmilch daneben setzt. Vorher aber geht er in den Garten, um sich die Welt noch einmal anzusehen. Unterdessen kommt der Knabe Felix in sein Zimmer und trinkt aus der Flasche mit Mandelmilch. Der Harfner kommt dazu, glaubt, Felix habe vom Opium getrunken, verzweifelt und schneidet sich den Hals ab. Er wird gefunden, der Schnitt hat nur die Luftröhre durchtrennt, man legt einen Verband an. In der Nacht aber reißt der Kranke den Verband ab und stirbt durch Verblutung.

Die Vorgeschichte des Harfners ist folgende. Der Markese X., ein begabter, tüchtiger, aber bis zur Schrullenhaftigkeit eigensinniger Mann, hatte 4 Kinder. Die beiden älteren Söhne waren in der Hauptsache gesund; der 3. Sohn, Augustin war von Anfang an zart und schwärmerisch, er kam deshalb in ein Kloster, schwankte da zwischen Ekstase und „Ohnmacht und leerem Elend" durch Genuß heiliger Schwärmerei, kehrte schließlich in jammervollem Zustande nach Hause zurück. Nun war aber noch eine spätgeborene Tochter vorhanden, deren der Vater sich geschämt hatte und die deshalb in der Stille aufgezogen worden war. Diese Sperata lernt der im Elternhause genesende Augustin kennen; die jungen Leute lieben einander und zeugen ein Kind, das später als Mignon erscheint. Nach Entdeckung des Incestes will sich Augustin nicht von Sperata trennen, bezweifelt bald die Thatsache, beruft sich bald auf die Natur gegen die Sitte. Allmählich aber gewinnen die Umgebung und die anerzogenen Vorstellungen die Uebermacht; Augustin verzweifelt, flieht, wird ergriffen und in das Kloster zurückgeführt. „Nach vielen schrecklichen und sonderbaren Epochen" geräth er in einen seltsamen Zustand der Ruhe des Geistes und der Unruhe des Körpers. Nur beim Singen und Harfenspielen sitzt er still. Er ist lenksam und man kann ihn zu allem bewegen, wenn man mit einer gefährlichen Krankheit oder mit dem Tode droht. Zu jeder Stunde der Nacht sieht er beim Erwachen einen schönen Knaben unten an seinem Bette, der ihm mit einem blanken Messer droht. Auch nach Wechsel des Zimmers erscheint der Knabe wieder, zuletzt steht er sogar an anderen Stellen des Klosters im Hinterhalte. Augustin wird immer ruheloser, endlich, als die Nachricht vom Tode Speratens und von Wundern an ihrer Leiche in das Kloster dringt, entflieht er mit großer Schlauheit, besucht die Leiche und wandert dann in die Ferne.

Wie schon im Eingange bemerkt wurde, das Bild des alten Harfners und die Geschichte Augustins wollen nicht recht zusammen stimmen. Jener ist offenbar als Deutscher gedacht (blaue Augen), dieser ist ein Italiener. Wenn auch in der Geschichte des Markese keine Altersangaben gemacht werden, so muß man doch annehmen, daß Augustins Liebesgeschichte in seiner Jugend spiele. Mignon wird, als sie zu Wilhelm Meister kommt, auf 12—13 Jahre geschätzt. Also auch dann, wenn man dem Liebhaber Augustin ein Alter von 30 Jahren geben wollte, würde doch der Harfner bei seinem Auftreten erst 43 oder 44 Jahre alt sein. Von seinem älteren Bruder, dem Markese Cipriani wird ausdrücklich gesagt, er sei „ein Mann noch nicht hoch in Jahren." Goethe

Der Harfenspieler.

muß das Mißverhältniß bemerkt haben, da er die wunderliche Bemerkung hinzugefügt hat, man habe bei der Rückkehr des Augustin von dem Geistlichen die Züge des Alters nicht mehr bemerkt. Als ob der Geistliche eine Jungfern-Mühle gehabt hätte! Auch die Unterdrückung aller Altersangaben im Berichte des Markese ist auffallend. Ich weiß nicht, ob man auf diese Dinge schon geachtet hat. Düntzer sagt nichts darüber.

In psychiatrischer Hinsicht ist die Gestalt des Harfners nicht gelungen. Goethe hat bei ihr offenbar kein Vorbild gehabt. Das Ganze ist eine Bildung der Phantasie, die die im Publikum geläufigen Vorstellungen vom Wahnsinne verwerthet. Jedoch zeigt sich Goethes Scharfsinn darin, daß er den Harfner als einen von vornherein krankhaften Menschen schildert, als einen Entarteten und das Glied einer entarteten Familie. Ich erinnere an Goethes Betonung der Vererbung in der Iphigenie. Sodann findet sich in der Schilderung des geisteskranken Harfenspielers eine noch nicht erwähnte Stelle, die mir besonderer Betrachtung werth zu sein scheint. Wie gesagt, wird der kranke Harfner zu einem Landgeistlichen gebracht, der sich mit der Behandlung Geisteskranker befaßt. Dieser, der sich sehr verständig über die Therapie ausspricht, zieht für das Physische „einen denkenden Arzt" zu Rathe. In unserem Falle ist es ein kleiner ältlicher Arzt und er erzählt dem Wilhelm Meister: „Nie hab' ich ein Gemüth in einer so sonderbaren Lage gesehen. Seit vielen Jahren hat er an nichts, was außer ihm war, den mindesten Antheil genommen, ja fast auf nichts gemerkt; bloß in sich gekehrt, betrachtete er sein hohles leeres Ich, das ihm als ein unermeßlicher Abgrund erschien. Wie rührend war es, wenn er von diesem traurigen Zustande sprach! Ich sehe nichts vor mir, nichts hinter mir, rief er aus, als eine unendliche Nacht, in der ich mich in der schrecklichsten Einsamkeit befinde; kein Gefühl bleibt mir als das Gefühl meiner Schuld, die doch auch nur wie ein entferntes unförmliches Gespenst sich rückwärts sehen läßt. Doch da ist keine Höhe, keine Tiefe, kein Vor noch Zurück; kein Wort drückt diesen immer gleichen Zustand aus. Manchmal ruf' ich in der Noth dieser Gleichgültigkeit: Ewig! ewig! mit Heftigkeit aus, und dieses seltsame unbegreifliche Wort ist hell und klar gegen die Finsterniß meines Zustandes. Kein Strahl einer Gottheit erscheint mir in dieser Nacht; ich weine meine Thränen alle mir selbst und um mich selbst. Nichts ist grausamer als Freundschaft und Liebe; denn sie allein locken mir den Wunsch ab, daß die Erscheinungen, die mich umgeben, wirklich sein möchten. Aber auch diese beiden Gespenster sind nur aus dem Abgrunde gestiegen, um mich zu ängstigen und um mir zuletzt auch das theure Bewußtsein dieses ungeheuren Daseins zu rauben.

Wenn sich ihm etwas aufdrängt, das ihn nöthigt, einen Augenblick zu gestehen, eine Zeit sei vergangen, so scheint er wie erstaunt, und dann verwirft er wieder die Veränderung an den Dingen als eine Erscheinung der Erscheinungen."

Das ist eine Schilderung, die man nicht erfinden kann.

So wie Goethe die Klagen des Melancholischen wiedergiebt, könnten sie in einer Krankengeschichte stehen. Es scheint mir sicher zu sein, daß Goethe hier eine Vorlage gehabt hat. Vielleicht hat ein Beobachter diese Reden wegen ihres psychologischen Interesses aufgeschrieben und die Notizen Goethe übergeben. Historische Grundlagen für solche Vermuthungen habe ich freilich bisher nicht gefunden, ebensowenig wie dafür, ob Goethe thatsächlich mit psychiatrisch thätigen Landgeistlichen in Berührung gekommen ist. Unwahrscheinlich aber ist meine Vermuthung nicht, denn die Reden des kranken Harfners sind so charakteristisch, daß sie die Aufmerksamkeit gerade des Sachkundigen erwecken müssen. Es handelt sich hier nicht um Klagen, wie man sie von jedem Melancholischen hören kann, sondern um etwas ganz Besonderes, nemlich um das erst in der neuesten Zeit von französischen Irrenärzten beschriebene délire de négation. Cotard machte zuerst darauf aufmerksam, daß sich besonders bei älteren Melancholischen mit der Zeit ein eigenthümlicher Verneinungswahn ausbilden kann, der leicht in ein délire d'énormité umschlägt. Alles ist nur scheinbar, in Wirklichkeit giebt es nichts. Die Schuld des Kranken aber ist wirklich und so unermesslich, daß sie alles erfüllt. Nichts ist außer ihm, keine Zeit, kein Raum, er, seine Schuld und seine Strafe sind ewig. Alle Dinge der Welt sind nur ein trügender Schein, bestimmt, die Leiden des Kranken zu vermehren, Gespenster, die dem Nichts angehören. Und so fort. Unschwer erkennt man in den Reden des Harfners das délire de négation und es ist wohl begreiflich, daß ein so wunderlicher Seelenzustand Goethes Aufmerksamkeit fesseln mußte, sobald er von ihm Kunde erhielt.

Der Selbstmord des Harfners ist nicht als Ausfluß der Krankheit gedacht. Während der Krankheit fürchtete er durch den Knaben zu sterben und wollte ihn deshalb lieber umbringen, beziehungsweise opfern. Nach der Genesung tödtet er sich, weil er durch seine Unvorsichtigkeit den Knaben getödtet zu haben glaubt, oder richtiger, weil zu seiner Verzweiflung über sein jammervolles Leben der Schreck über den Tod des Knaben hinzutritt. Als krankhaft kann man höchstens die Reizbarkeit Augustins ansehen. Uebrigens hat Goethe doch wohl die Absicht gehabt, den Wahn des Harfners als eine geheimnißvolle Ahnung erscheinen zu lassen: der blonde Knabe, vor dem Augustin sich sein Leben lang gefürchtet hat, wird thatsächlich Ursache seines Todes, wenn auch nur als Werkzeug höherer Mächte.

Auffallend ist, daß Augustin nicht gleich stirbt. Man möchte es für etwas grausam halten. Goethe zeigt aber dabei, daß ihm die nicht seltenen Fälle bekannt waren, in denen das in selbstmörderischer Absicht ausgeführte Halsabschneiden nur zur Durchtrennung der Luftröhre führt. Der Kranke stirbt dann nicht, weil die großen Halsadern nicht angeschnitten sind. Freilich wird ebendeshalb in der Regel auch nachträglich keine Verblutung eintreten, wenn der Verband entfernt wird.

2. Mignon.

Die Mutter Mignons wurde, nach der Entdeckung des Liebesverhältnisses zu ihrem Bruder Augustin durch den Beichtvater in Gewissensqual versetzt, irrsinnig, „ohne wahnsinnig zu sein". Als das Kind verschwunden war, lebte sie in dem Gedanken, der See werde die Leiche oder doch die Knochen auswerfen. Durch den Einfluß des Geistlichen wurde sie „in der Gegend für eine Entzückte, nicht für eine Verrückte gehalten". Man versuchte sie dadurch zu heilen, daß man ihr Kinderknochen in die Hände spielte. Als ein Skelet beisammen war, nahm die Wärterin es weg. Die Kranke glaubte, ihr Kind aus den Knochen auferstehen und glänzend zum Himmel auffahren zu sehen; sie wurde ruhiger und heiterer, aß aber immer weniger und starb bald.

Das Kind Mignon zeigte von Anfang an eine sonderbare Natur. Es lernte früh laufen, singen, Zither spielen, „nur mit Worten konnte es sich nicht ausdrücken und es schien das Hinderniß mehr in seiner Denkungsart als in den Sprachwerkzeugen zu liegen." Es kletterte auf Bäume, lief auf den Rändern der Schiffe, trug deshalb Knabenkleider. Bei seinem Umherschweifen ward es von Zigeunern gestohlen.

Als Wilhelm Meister Mignon aus den Händen des herumziehenden Seiltänzers, der sie schlecht und grausam behandelt, befreit, ist sie ein Mädchen von 12—13 Jahren, „eine junge schwarzköpfige, düstere Gestalt". Der Körper ist gut gebaut, nur daß die Glieder einen stärkeren

Wuchs versprechen, die Bildung ist nicht regelmäßig, aber auffallend, die Stirne geheimnißvoll, die Nase außerordentlich schön, der geschlossene Mund zuckt oft nach einer Seite, ist aber treuherzig und reizend, die Gesichtsfarbe bräunlich. Im Weiteren zeigt sie sich verständig, gewissenhaft, fleißig, lerneifrig. Ihre Ausdrucksweise jedoch war unvollkommen. Die Schrift blieb schlecht. Auch hier schien ihr Körper dem Geiste zu widersprechen. Am auffallendsten ist ihr gemüthvolles, aber heftiges und zu krankhaften Explosionen geneigtes Wesen. Bei stärkeren Erregungen bekommt sie Schmerz in der Herzgegend und dann folgt ein Krampfanfall. Ein allmählich beginnendes Zucken verbreitet sich über alle Glieder, sie schreit auf und verfällt in Bewußtlosigkeit mit allgemeiner Erschlaffung. Es folgen wieder Zuckungen, die Anspannung des ganzen Körpers wird betont. Dann wirft sie sich, wie ein Ressort, das zuschlägt, dem geliebten Wilhelm um den Hals und vergießt Thränen im Strome, unter denen allmählich Beruhigung eintritt. In der Philinen-Nacht regt sich Mignon sehr auf, sie bekommt in Eifersucht und Angst ihre Herzzufälle und verbring die ganze Nacht unter entsetzlichen Zuckungen zu den Füßen des Harfners. Als sie viel später die Scene erzählt, wiederholt sich der Schmerz, "es wand sich wie ein Wurm an der Erde". Erschüttert von Gemüthsbewegungen, verzehrt von ihrer Sehnsucht nach der südlichen Heimath und von der Liebe zu Wilhelm, siecht sie nach der Trennung von diesem dahin. Der Einfluß Theresens und Nataliens beruhigt sie zwar, macht sie

sanfter und mädchenhafter, der fortschreitende Verfall
aber ist nicht aufzuhalten. Natalie erzählt von der Krankheit, daß das Kind von wenigen tiefen Empfindungen
nach und nach aufgezehrt werde, daß es bei seiner großen
Reizbarkeit, die es verberge, von einem Krampf an seinem
armen Herzen oft heftig und gefährlich leide, daß dieses
erste Organ des Lebens bei unvermutheten Gemüthsbewegungen manchmal plötzlich still stehe und daß dann
keine Spur der heilsamen Lebensregung in dem Busen
des guten Kindes gefühlt werden könne. Sei der ängstliche Krampf vorbei, so äußere sich die Kraft der Natur
wieder in gewaltsamen Pulsen und ängstige das Kind
nun mehr durch Uebermaaß, wie es vorher durch Mangel
gelitten habe. Als sie Wilhelm wiedersah, trug sie lange
weiße Mädchenkleider und theils lockige, theils aufge-
bundene, reiche braune (früher schwarze) Haare. Sie
war sehr abgezehrt, „sah völlig aus wie ein abgeschiedener
Geist", war sanft und ruhig. Bei der Ankunft Theresens
springt Mignon mit Felix um die Wette. Als aber
Wilhelm und Therese in ihrer Gegenwart einander umarmen, fährt Mignon mit der linken Hand nach dem
Herzen, streckt den rechten Arm heftig aus und fällt mit
einem Schrei todt nieder. Der Markese sieht auf dem
Arme der Leiche eine Tätowirung und erkennt daran
seine Nichte.

Mignon ist offenbar auch eine reine Phantasie-Gestalt.
Sie sollte wohl hauptsächlich als wunderbar und rührend
erscheinen und man darf zweifeln, ob ihr von vornherein
krankhafte Züge zugedacht waren. Auch zur Tochter des

Harfners hat sie Goethe wahrscheinlich erst in späteren Jahren gemacht, da im Anfange gar nichts auf ein solches Verhältniß hindeutet. Jetzt steht das Mädchen vor uns als Kind eines geisteskranken Geschwisterpaares. Nach ärztlicher Auffassung müssen wir bei ihm erbliche Belastung schlimmster Art voraussetzen und wirklich schildert Goethe das Bild einer Entarteten und nicht Lebensfähigen. In wieweit hier von überlegter Absicht zu reden ist, das dürfte schwer zu sagen sein. So lebhaft in Goethe der Gedanke an das Pathologische überhaupt war, so scheint er sich doch um seine concreten Formen nicht viel gekümmert zu haben. Wahrscheinlich hat er sich auch nicht überlegt, was er eigentlich in Mignons Krankheit schildern wollte, ob einen Herzfehler mit epileptischen Anfällen oder was sonst. Vielmehr war sein Gedanke wohl der: Mignon ist ein Wesen, das vorwiegend mit dem Herzen (im übertragenen Sinne) lebt und als ihm der Lebensweg versperrt wird, so leidet es vorwiegend am Herzen (im eigentlichen Sinne). Wir können daher wohl von weiteren Erörterungen über die Diagnose bei Mignons Krankheit absehen. Die Schilderung des Krampfanfalles ist die eines hysterischen Anfalles. Wahrscheinlich ist es Goethe, trotz seiner Abneigung gegen solche Anblicke, nicht erspart worden, gelegentlich hysterischen Anfällen zu begegnen und so konnte die Schilderung an eigene Erinnerungen anknüpfen. Die Beschreibung der Herzbeschwerden erinnert theils an die Beschwerden Hysterischer, theils an die wirklich Herzkranker. Es ist begreiflich, daß ein Dichter dergleichen zusammenwirft.

Die Tätowirung erfand Goethe wohl nur deshalb, weil er ein Erkennungzeichen brauchte (natürlich nicht im Sinne des signum degenerationis), doch wäre eigentlich ein Muttermal zweckmäßiger gewesen, da man weder bei uns, noch in Italien die kleinen Kinder zu tätowiren pflegt.

3. Der Graf und die Gräfin.

Der Graf wird als ein etwas schwachsinniger und eitler Mann geschildert. Als er Wilhelm an seinem Schreibtische in seinen Kleidern gesehen hat, wird er schwermüthig, weil er seinen Doppelgänger gesehen zu haben glaubt, und er entschließt sich, bei den Herrenhutern einzutreten. Das Ganze ist eine vortreffliche Schilderung leichten angeborenen Schwachsinns. Das Vorbild des Grafen im Roman soll der Graf von Werthern gewesen sein, von dem Goethe an Frau von Stein schreibt: „seine Narrheit nehm' ich für bekannt und toll ist er noch nicht gewesen".

Die Gräfin wird als eine ein wenig leichtsinnige Weltdame geschildert. Sie verfällt auf eigenthümliche Weise in einen hypochondrischen Zustand. Der bekannte kleine Arzt erzählt von ihr: „Eben dieser junge Mensch [Wilhelm M.] nimmt Abschied von ihr, sie ist nicht vorsichtig genug, eine aufkeimende Neigung zu verbergen; er wird kühn, schließt sie in seine Arme, und drückt ihr das große, mit Brillanten besetzte Portrait ihres Gemahls gewaltsam wider die Brust: sie empfindet einen heftigen Schmerz, der nach und nach vergeht, erst eine kleine

Röthe und dann keine Spur mehr zurückläßt. Ich bin als Mensch überzeugt, daß sie sich nichts weiter vorzuwerfen hat; ich bin als Arzt gewiß, daß dieser Druck keine übeln Folgen haben werde: aber sie läßt sich nicht ausreden, es sey eine Verhärtung da, und wenn man ihr durch das Gefühl den Wahn benehmen will, so behauptet sie, nur in diesem Augenblick sey nichts zu fühlen; sie hat sich fest eingebildet, es werde dieses Uebel mit einem Krebsschaden sich endigen, und so ist ihre Jugend, ihre Liebenswürdigkeit für sie und andere völlig verloren". Infolge ihres „Kummers" entschließt sich die Gräfin, mit ihrem Manne zu den Herrenhutern zu gehen.

Auch hier liegt eine ausgezeichnete Schilderung. voll innerer Wahrscheinlichkeit vor und man möchte glauben, daß ein wirklicher Vorgang beschrieben sei. In Goethes Sinne ist es von Bedeutung, daß bei beginnender Untreue der Frau ihr das Bild das Bild des Ehemannes wider die Brust gedrückt wird und die hypochondrische Beschwerde erscheint als verkleideter Gewissensbiß. Man kann aber auch von solchen moralischen Erwägungen absehen. Wenn ein Affect durch einen plötzlichen Schmerz unterbrochen wird, so kann der erschreckende Schmerz fixirt werden, sodaß sein Nachbild unbegrenzte Dauer erlangt. Bedingung ist eine nervöse Anlage, vermöge der der Zustand des Affectes ein dem hypnotischen ähnlicher Zustand gesteigerter Suggestibilität wird. Trifft, wie hier, der Schmerz die weibliche Brust, so findet er einen zu krankhaften Eigensuggestionen geeigneten Boden, da die Frauen, oder doch viele von ihnen, in einer fortwährenden Angst vor dem Krebse leben. In ähnlicher Weise rufen bei Arbeitern verhältnißmäßig leichte Unfälle oft schwere nervöse Störungen hervor, weil die Arbeiter sich immer mit dem Gedanken an Unfälle und an die mit ihnen verbundene Erwerbslosigkeit beschäftigen. Die Unfall-Nervenkrankheiten werden vielfach traumatische Neurose genannt und ein College, dessen Name mir entfallen ist, hat vor einigen Jahren den Zustand der Gräfin als einen Fall traumatischer Neurose bezeichnet. Indessen liegen da doch Unterschiede vor und der von Blocq angewendete Name Topoalgie wäre zutreffender. Es bleibt jedoch bei der Gräfin nicht bei der suggerirten Schmerzempfindung und dem Gedanken an die Krebsgefahr, sondern sie glaubt irrigerweise, einen harten Knoten in der Brust zu fühlen. Diese hypochondrische Wahnvorstellung könnte in Wirklichkeit sehr wohl zur Topoalgie hinzutreten und würde darthun, daß bei der Patientin eine ausgeprägte krankhafte Anlage vorhanden war.

4. Die schöne Seele.

„Ich bekam Lust", schreibt Goethe an Schiller, „das religiöse Buch meines Romans auszuarbeiten, und da das Ganze auf den edelsten Täuschungen und auf der zartesten Verwechslung des Subjectiven und Objektiven beruht, so gehörte mehr Stimmung und Sammlung dazu, als vielleicht zu einem anderen Theile. Und doch wäre, wie Sie seiner Zeit sehen werden, eine solche Darstellung unmöglich gewesen, wenn ich nicht früher die Studien nach

der Natur dazu gesammelt hätte". Natalie bezeichnet ihre
Tante, die schöne Seele, deren schwache Gesundheit sie her-
vorhebt, als eine schöne Natur, die sich allzu zart, allzu gewissenhaft gebildet habe, die deswegen nicht das geworden
sei, was sie der Welt hätte sein können. Goethe sagt zwar
nicht und hält wohl auch in Wahrheit nicht dafür, daß
ein krankhafter Geisteszustand vorliege, aber er betont so
nachdrücklich die körperlichen Krankheiten und die körperliche Schwäche der Mystikerin, daß die Bedeutung des
Pathologischen hier nicht zu verkennen ist. Auch das
Vorbild, Fräulein von Klettenberg, war kränklich, aber
Goethe würde in der dichterischen Darstellung der Krankheit nicht soviel Raum gegönnt haben, wenn er nicht
hätte sagen wollen, daß Kränklichkeit eine wesentliche Bedingung der geistigen Beschaffenheit der schönen Seele sei.

5. Aurelie.

Auch in Goethes Sinne ist die übertrieben leidenschaftliche Aurelie eine krankhafte Natur. Sie wird durch
ihre Reizbarkeit sich und Anderen unerträglich. Immer
weniger kann sie den Anforderungen des Lebens genügen.
Goethe läßt sie an einer acuten Krankheit eines frühen
und unerwarteten Todes sterben und sagt damit, daß er
sie nicht weiter brauchen kann, daß ein Mensch, der nur
Spielball seiner Gemüthsbewegungen ist, lebensunfähig
wird.

VII. Benvenuto Cellini.

Eigentlich gehört Cellini unter die Quellen, aus denen Goethe krankhafte Geisteszustände kennen lernte, indessen rechtfertigt es Goethes liebevolle Bearbeitung der Mittheilungen des alten Italieners, Cellini auch unter den Goethe-Figuren zu nennen.

Das Auffallendste an Cellini ist seine Iracundia morbosa, auf die Goethe selbst mit Staunen hinweist. Wenn Cellini sich für beleidigt hält, so erfaßt ihn ein solches Uebelbefinden, daß er zur Befriedigung seines Zornes sich jeder Gefahr aussetzt, ohne Bedenken sich selbst den größten Nachtheil zufügt. Kann er das Blut seines Gegners nicht sehen, so wird er einfach krank. Berühmt sind Cellini's Gefängniß-Hallucinationen. Er hat Ahnungen und geheime Antriebe.

Einmal geht Cellini mit einem Zauberer und Andern in das Colosseum bei Nacht, um Geister zu beschwören. Das erste Mal scheint nur der Zauberer die Geister gesehen zu haben, zum andern Male aber nimmt Cellini einen Knaben mit und dieser geräth in der Angst in einen hypnotischen Zustand, sieht Legionen von Teufeln und versetzt durch seine aufgeregten Schilderungen auch die Anderen in Schrecken. Beim Heimwege sieht der Knabe noch zwei eigenthümliche Geister, die ihnen folgen.

Besonders bemerkenswerth ist die Schilderung des geisteskranken Castellans der Engelsburg. Der ältere Mann leidet an intermittirendem Irresein, er erkrankt jedes Jahr, hält sich dann für ein Thier, etwa einen Frosch, oder für einen Oelkrug, oder für todt. Er schwatzte dabei viel und sein Benehmen entsprach seinen Wahnvorstellungen ("Grillen"). Er hüpfte wie ein Frosch, oder er wollte sich begraben lassen. Und so fort. In dem Jahre, als Cellini auf der Burg gefangen saß, hielt sich der Castellan für eine Fledermaus, "und wenn er so spazieren ging, zischte er manchmal leise, wie diese Geschöpfe, bewegte sich auch ein wenig mit den Händen und dem Körper, als wollte er fliegen". Er ißt nicht und schläft nicht, manchmal sind seine Augen ganz falsch gerichtet, das eine blickt dahin, das andere dorthin. Als Cellini angekündigt hat, er werde entfliehen, ist der Castellan in der größten Angst, er möchte wegfliegen. Schließlich sagt er: wenn der Gefangene wegflöge, möchten sie ihn nur gewähren lassen, er werde ihn schon einholen, denn er könne bei Nacht besser fliegen, "Benvenuto ist nur eine nachgemachte Fledermaus, ich aber bin es wahrhaftig". Kein Mensch denkt daran, der geisteskranke Castellan könne zur Erfüllung seiner verantwortungsvollen Amtspflichten untauglich sein. Als Benvenuto wirklich entflohen ist, will der Castellan sich mit aller Gewalt von seinen Dienern losreißen und auch am Thurme herunterfliegen. Dann läßt er sich zum Papste tragen und beklagt sich bitter, es geschähe ihm das größte Unrecht, wenn Seine Heiligkeit den Benvenuto nicht wieder ins Gefängniß stellten, „wehe mir! er ist davon geflogen, und hat mir doch versprochen, nicht wegzufliegen". „Der Papst sagte lachend: Geht nur, geht! ihr sollt ihn auf alle Fälle wieder haben." So kommt es denn auch und der Castellan quält dann den Cellini in seinem Wahne auf das ärgste. Dabei zehrt er ab und wird körperlich immer kränker. „Der Castellan, obgleich die Aerzte keine Hoffnung mehr zu seiner Genesung hatten, war doch wieder ganz zu sich gekommen, und die Launen seiner jährlichen Tollheit hatten ihn ganz und gar verlassen." Er sucht sein Unrecht wieder gut zu machen, stirbt aber bald „an seinem großen Uebel".

VIII. Wahrheit und Dichtung.

An dieser Stelle will ich nur auf zwei von Goethe eingehender besprochene Personen eingehen, die beide in Geisteskrankheit verfielen und nicht nur wegen ihres Verhältnisses zu Goethe, sondern auch an sich interessant sind. Ich meine Lenz und Zimmermann. Wollte ich alle die Menschen, von denen Goethe in seiner Biographie spricht, auf ihren Gehalt an Pathologischem untersuchen, so würde ich in's Grenzenlose gerathen. Auf Goethes Person und Familie aber komme ich später zu sprechen.

1. Lenz.

Die Notizen über Lenzen's Lebenslauf entnehme ich hauptsächlich dem Buche K. Weinhold's (Gedichte von J. M. R. Lenz. Berlin 1891).

Jakob Michael Reinhold Lenz wurde am 12. Januar 1751 als Sohn eines Geistlichen in Livland geboren. Ueber die Mutter und über Nervenkrankheiten in der Familie habe ich nichts erfahren. Der Knabe fing früh an, zu dichten, er war geistig frühreif, blieb aber „klein, schwächlich, nervös". Im Jahre 1767 war er krank [woran?] und erholte sich dann bei seinem älteren Bruder. Im Jahre 1768 zog er nach der Universität Königsberg. Im Jahre 1771 ging er als Begleiter der jungen Herren von Kleist nach Straßburg. Er wird in den folgenden Jahren geschildert als erregt und zu phantastischen Liebschaften geneigt. Nachdem er sich von den Kleists getrennt hatte, wurde er von Schulden gedrückt und der Zorn seiner Familie über sein „nichtswürdiges Treiben" wuchs. Im Jahre 1776 reiste er nach Weimar, wo er an Goethe eine feste Stütze zu finden hoffte. Er suchte sich als Vorleser des Herzogs nützlich zu machen, dichtete allerhand und machte, wie Wieland schrieb, alle Tage einen dummen Streich. Im Sommer zog er sich nach Berka zurück, brachte im September einige Wochen bei Frau von Stein in Kochberg zu, ging dann wieder nach Berka und machte endlich am 26. November die „Eseley", wegen der er auf Goethes Betreiben aus Weimar verwiesen wurde. Karl Weinhold sagt: „Wer die Briefe liest, die Lenz schrieb, als er Straßburg verlassen wollte, erkennt ihn als geistig krank." Es kommt eben darauf an, was man unter geistig krank versteht. In hohem Grade pathologisch war Lenz immer, seine Abnormität steigerte sich in Zeiten der Erregung, sodaß er dann auch dem Laien als überspannt erschien. Eine solche Zeit war die vor der Reise nach Weimar. Aber von Geisteskrankheit im gewöhnlichen Sinne des Wortes scheint mir weder vor noch bei dem Weimarischen Aufenthalte die Rede zu sein. Froitzheim, dessen Folgerungen ich übrigens nicht beitreten möchte, druckt viele Briefe ab und schildert Lenzens Aufenthalt in Weimar sehr eingehend. Lenz erscheint danach als dégénéré supérieur mit verminderter Zurechnungsfähigkeit, nicht als Geisteskranker im engeren Sinne des Wortes. Von Weimar aus ging Lenz nach Emmendingen zu Schlosser. Dort schrieb er noch eine längere Erzählung nieder, die „zeigt, daß sich Lenz noch zu sammeln und ruhig zu denken vermochte". Vom April 1777 an wohnte er bei verschiedenen Bekannten in der Schweiz. Im November hatte er „den ersten Wahnsinnsanfall". Im Januar 1778 schleppte ihn der Kraftapostel Christoph Kauffmann mit sich nach dem Elsaß. Er schickte ihn zum Pfarrer Oberlin nach Waldersbach im Steinthal. Lenz predigte hier ein paar Mal und machte sich beliebt. Da brach, während Oberlin zum Besuch in Emmendingen war, bei Lenz der Wahnsinn wieder aus. Er machte Wiederbelebungsversuche an einem todten Kinde, wollte sich selbst morden und wurde in Begleitung zweier Männer, um ihn los zu werden, nach Straßburg zu seinem Freunde Röderer geschickt. Dieser wußte sich nicht anders zu helfen, als daß er ihn zu Schlosser brachte, auf dem er nun über anderthalb Jahr lastete. Er war ruhiger geworden, nur selten kam es zu heftiger Aufregung, aber er war ohne allen Entschluß und schwer melancholisch. Schlosser bestimmte ihn, nach Livland aufzubrechen. Aber vor dem angesetzten Tage fiel er in ein hitziges Fieber, und dann ging es zwischen Besserung und Tobsucht hin und her. Im Mai über-

gab Schloſſer den Kranken dem Schuſter Süß in Emmen-
dingen. Lenz war kindiſch geworden und lernte ſchuſtern.
Dann brachte Schloſſer ihn zu einem Förſter in Wiswyl, wo
er Feldarbeit treiben und jagen ſollte. Aber er bekam
wieder einen böſen Anfall und Schloſſer mußte ihn nach
Emmendingen zurücknehmen und hier „verwahren"
laſſen. Der Vater Lenz antwortete auf Briefe nicht.
Den Unterhalt des Kranken beſtritt der Herzog von Weimar.
Die Brüder Lenz beſchloſſen endlich, der in Jena ſtudirende
Bruder Karl ſolle den Kranken abholen, damit dieſer in
Jena Jura ſtudire. Dieſe wunderliche Idee wurde zwar
aufgegeben, aber der Bruder Karl kam richtig zu Schloſſer,
fand den Kranken in Hertingen an der ſchweizeriſchen
Grenze „bis auf unendliche Schüchternheit wiederherge-
ſtellt" und fuhr mit ihm im Juli 1779 nach Frankfurt.
Hier ging ihnen das Geld aus und ſie mußten, „was
Jakob ſehr freute", bis Erfurt zu Fuße gehen. Mit ge-
borgtem Gelde reiſten ſie über Lübeck nach Riga zu dem
Vater Lenz. Im Weiteren wurden allerhand Verſuche
gemacht, den anſcheinend Geneſenen unterzubringen. Er
ſollte Rector werden, er ging nach Dorpat, verſuchte dann
in Petersburg als Cadettenlehrer anzukommen, wurde endlich Hauslehrer bei Herrn von Liphard in Livland. Da verliebte er ſich in ein Fräulein von Albedyll und ließ ihr
ſeine Liebe durch einen Bekannten antragen. Das führte
natürlich zum Verluſte der Stelle. In Petersburg nahm
ihn dann ein General als Secretär an, mußte ihn aber
bald wegen Unbrauchbarkeit entlaſſen. Lenz ging nach
Moskau, um Gönner zu ſuchen und eine neue Ausgabe

seiner Dramen zu veranstalten. Dann kehrte er nach Petersburg zurück und wurde für mehrere Jahre Lehrer an einem Privatinstitut. Er ließ 1787 eine Uebersetzung aus dem Russischen drucken. „Was er deutsches eigenes in dieser Zeit in Prosa oder Poesie schrieb, giebt nur Zeugniß von der Zerstörung seines Geistes. Ab und zu bricht ein klarer Gedanke heraus." Er machte, wozu er schon früher Neigung gehabt hatte, verschiedene phantastische Pläne (zur Hebung des Handels, Wiedererrichtung der Universität, Sprachakademie, Maurerinnungen, Gründung eines chemischen Theaters u. s. a.). Er lebte zuletzt in Moskau von Unterstützungen. Im Mai 1792 starb er.

Es handelte sich bei Lenz um eine der Erkrankungen, die in das Gebiet der Dementia praecox gehören, um das in Verblödung ausgehende Jugend-Irresein. Er war ein von Jugend auf abnormer Mensch, zeichnete sich durch große Geistesgaben einerseits, durch Unstetigkeit, Phantasterei, moralische Schwächen andererseits aus. Von außen wirkte ein unruhiges Leben mit Sorgen und gelegentlichem Mangel, Enttäuschungen und Aufregungen verschiedener Art ein. Im 27. Jahre trat die Katastrophe ein. Nun folgen mehrere durch ruhigere Zeiten getrennte Anfälle von Erregung mit Wahnvorstellungen und Verwirrtheit und hinter ihnen bleibt der Schwachsinn. Von 1779 an bis zu seinem Tode war Lenz schwachsinnig. Da, wie es in ähnlichen Fällen auch zu sein pflegt, die früher erworbenen Kenntnisse und Fertigkeiten im Wesentlichen erhalten blieben, war für den Laien der Schwachsinn verhüllt. Sobald aber bestimmte Leistungen von

Lenz verlangt wurden, trat seine „Unbrauchbarkeit" zu Tage. Er war natürlich zu einer stetigen Lebensführung nicht fähig. Er sank deshalb, da er sich selbst überlassen war, immer tiefer; der Schwachsinn nahm zu, seine Producte wurden immer gehaltloser und verworrener. Elend und Geisteskrankheit steigerten einander bis zum Ende.

Goethe schildert Lenz an zwei Stellen in „Wahrheit und Dichtung". Zunächst giebt er uns ein Bild seiner Erscheinung: „Klein, aber nett von Gestalt, ein allerliebstes Köpfchen, dessen zierlicher Form niedliche, etwas abgestumpfte Züge vollkommen entsprachen; blaue Augen, blonde Haare ...; ein sanfter, gleichsam vorsichtiger Schritt, eine angenehme, nicht ganz fließende Sprache, und ein Betragen, das zwischen Zurückhaltung und Schüchternheit sich bewegend, einem jungen Manne gar wohl anstand." Das englische Wort whimsical sei für Lenzens Art bezeichnend. Man wundert sich, daß Goethe den verschleierten Blick des Lenz nicht erwähnt, der Andere in Erstaunen versetzte.

Später bespricht Goethe Lenzens Charakter. Er habe sich dadurch ausgezeichnet, daß er sich nach der Art jener Zeit peinlich beobachtete und über diese seine Beobachtungen sich zu unterhalten liebte. Dieser krankhafte Zug habe zu der Wertherstimmung gehört, sei aber bei Lenz besonders ausgeprägt gewesen. (An einer anderen Stelle sagt Goethe: „Wenn der Mensch über sein Physisches oder Moralisches nachdenkt, findet er sich gewöhnlich krank.") Eine besondere Eigenthümlichkeit des Lenz sei sein Hang zur Intrigue gewesen. Er habe sich dabei

nicht erreichbare Ziele vorgesetzt, sondern immer etwas
Fratzenhaftes. Liebe und Haß seien bei ihm imaginär
gewesen, er habe dem, den er liebte, nicht genützt, dem,
den er haßte, nicht geschadet. Vielleicht ist Goethes Ausdruck Intrigue nicht ganz passend; das, was er meint,
ist eigentlich mehr Phantasterei oder die Sucht, Phantasti-
sches in das Leben hinein zu tragen. Goethe rühmt
weiterhin Lenzens aus wahrhafter Tiefe und unerschöpf-
licher Productivität hervorgehendes Talent, in dem Zart-
heit, Beweglichkeit und Spitzfindigkeit mit einander wett-
eiferten, das aber, bei aller seiner Schönheit, durchaus
kränkelte. Trotz großer Züge und lieblicher Zärtlichkeit
in seinen Arbeiten habe er sich von albernen und barocken
Fratzen nicht losmachen können. Goethe habe darauf
gedrungen, Lenz möge sich aus dem formlosen Schweifen
zusammenziehen und an die kunstgemäße Fassung des
Producirten denken. Lenz aber sei es nur wohl gewesen,
wenn er sich grenzenlos im Einzelnen verfloß und sich
an einem unendlichen Faden ohne Absicht hinspann.
Rühriges Nichtsthun sei ihm besonders eigen gewesen.
Goethe erwähnt Lenzens wunderliches Liebesspiel in
Straßburg (mit Cleophe Fibich), seine utopischen Pläne
über das Heerwesen. Am auffallendsten ist die Schluß-
bemerkung, daß Lenz Goethen zum vorzüglichsten Gegen-
stande seines imaginären Hasses und zum Ziel einer
abenteuerlichen und grillenhaften Verfolgung ausersehen
hatte. Offenbar bezieht sich diese Bemerkung darauf,
daß Lenz in Weimar durch eine tactlose und beleidigende
Schrift Goethen verletzt hatte. Man darf aber wohl

annehmen, daß die Verstimmung Lenzens gegen Goethe
erst in Weimar entstanden sei und daß die von Goethe
gewählten Ausdrücke etwas zu stark seien. Naturen, wie
Lenz eine war, nehmen es mit Haß und Liebe nicht zu
ernst, worauf Goethe selbst hinweist. In Straßburg
zeigte sich Lenz z. B. als wüthender Gegner Wielands,
sobald er Lust bekam, nach Weimar zu gehen, steckte er
sein Schwert ein, und als er in Weimar war, schwärmte
er für Wieland. Seine Entwickelung gegen Goethe ver-
lief umgekehrt, aber tief und nachhaltig war seine Empfindung wahrscheinlich in beiden Fällen nicht.

Zimmermann.

Ich schicke einen Abriß des Lebens Zimmermanns
voraus, der auf der Biographie Eduard Bodemann's
beruht (J. G. Zimmermann. Hannover. Hahn'sche Buch-
handlung. 1878).

Joh. Georg Zimmermann wurde am 8. December
1728 zu Brugg im Canton Aargau geboren. Sein Vater
war ein kränklicher, aber tüchtiger Mann und starb schon
1741 als Rathsherr. Die Mutter war „nervenleidend
und zuletzt gemüthskrank". Sie starb 1746. Der Knabe
zeichnete sich früh durch seine großen Fähigkeiten und
durch seine Lebhaftigkeit aus. Er war höchst ehrgeizig,
vertrug sich in der Regel mit seinen Mitschülern nicht,
floh gern in die Einsamkeit. Er studirte erst in Bern,
dann Hallers wegen in Göttingen. Mit Haller, der merk-

würdigerweise fast ebenso krank war wie Zimmermann später, kam er in enge Verbindung und von ihm wurde er sehr gefördert in seinen ausgebreiteten und energischen Studien. „Aber die nachtheiligen folgen übertriebener geistiger Anstrengungen blieben bei Zimmermanns so schon von Haus aus nervösem Zustande nicht aus und schon in Göttingen zeigten sich die ersten Anfälle jener Hypochondrie, welche für ihn später eine Quelle unsäglicher Leiden ward." Nach größeren Reisen ließ sich Zimmermann im Jahre 1752 in Bern als Arzt nieder und heirathete im folgenden Jahre. Im Jahre 1754 siedelte er nach Brugg über. Er scheint sich da nicht gut befunden, trotz großer Praxis einsam gelebt zu haben. Er soll sich die Unzufriedenheit, ja feindschaft und Verfolgung seiner Mitbürger zugezogen haben. Sehr wunderbar ist das nicht, denn er nannte seine Vaterstadt öffentlich einen „einsamen, reizlosen und die flammen des Geistes auslöschenden Ort". Während Zimmermanns Hypochondrie stieg, wurde auch die frau nervenkrank. Im Anfange dichtete Zimmermann, aber schon im Jahre 1756 begann er „über die Einsamkeit" zu schreiben, im Jahre 1758 gab er die Schrift „vom Nationalstolz" heraus, 1763—64 das berühmte, auch von Goethe erwähnte Werk „von der Erfahrung in der Arzneikunst". Mit Geßner, Hirzel und A. gründete er die „Helvetische Gesellschaft", der auch Lavater beitrat. Noch in Brugg entwickelte sich ein „schweres Bruchleiden", das die „Schwermuth erhöhte". Als berühmter Schriftsteller erhielt Zimmermann verschiedene Berufungen, doch lehnte er diese ab

und folgte erst 1768, als ihn auf Tissots Rath der König
von Hannover als Leibarzt zu sich rief. Zimmermann
blieb natürlich der, der er war. Er bekam eine praxis
aurea, „aber Unglücksfälle in seiner Familie, kleinliche
Eifersucht und Anfeindungen seiner Collegen, und sein
eigener, bald ernstlich leidender Zustand sollten ihm bald
das Leben in Hannover verbittern". Der Anblick der
Lehmhäuser fiel ihm auf die Nerven und „die türkische
Musik des plattdeutschen Accents" empörte seine Seele
bis zum Ekel. Die Minister und der Adel lassen sich, wenn
Zimmermann krank ist, zweimal täglich nach seinem Befinden erkundigen, aber die Höflichkeit wird ihm auch zur
Last. „Ach, schreibt er 1769, ich bin doch ein geplagter
Mann! geplagt vom Morgen bis in die Nacht durch
Kranke, deren Zahl sich täglich vermehrt, und die mir
nicht Zeit lassen, in einer einzigen stillen Viertelstunde
Athem zu holen. Meine Nerven sind durch meine tägliche unausstehliche Arbeit so geschwächt, daß ich nicht
fähig bin, eine Feder in die Hand zu nehmen." Auch
nach auswärts wurde er viel berufen. Als der Herzog
von Braunschweig ihn mit großen Ehren consultirt hatte,
ließ er dessen Briefe abschreiben und den Freunden in
der Schweiz mittheilen. Später wird er heiterer. Er
besucht früh die eleganten Damen und findet sie krank,
abends ist er dann mit denselben Damen in „Assembleen".
Er lobt die Güte der Großen und die Höflichkeit aller
Leute. Es macht ihm „kein Mensch den geringsten
Verdruß".

Doch dauerte das Glück nur wenige Jahre. Seine

Frau „kam plötzlich in eine schnelle Zerrüttung" und starb am 23. Juni 1770. „Todesmarter, schreibt Zimmermann, umgab sie fünf Monate lang in jeder Stunde!" Zwei Kinder waren vorhanden, ein Sohn und eine Tochter. Sie wurden nun in Pension gegeben. Das Bruchleiden Zimmermanns nahm zu, machte ihm viel Schmerzen und hinderte ihn in seiner Thätigkeit. Er sagt, jeder Gang und jedes Briefschreiben Nachmittags habe bewirkt, daß er unter den erschrecklichsten Schmerzen zur Erde fiel und in Gefahr kam, durch Brucheinklemmung zu sterben! Im Jahre 1771 reiste er zu Meckel in Berlin, und dieser machte die „schreckliche Operation", die Zimmermann, ohne Zeichen des Schmerzes zu geben, aushielt. Zwölf Wochen mußte er danach im Bette liegen. Der Genesene wurde von der vornehmen Gesellschaft gefeiert. Friedrich II. gewährte ihm eine Audienz. Zimmermann berichtet darüber an seine Freunde und läßt Abschriften des Briefes in der Schweiz verbreiten. Am 11. November war er wieder in Hannover, „mit tausend Freudenthränen vom Sohne, den Freunden und Freundinnen empfangen; die einen waren vor Freuden ganz sprachlos, andere wurden ohnmächtig, andere verfielen vollends in Convulsionen".

Die Anstrengungen der Praxis wurden bald wieder zu groß. Viele Besuche und „ein Platzregen von Briefen" waren stets zu erledigen. Am 13. April 1772 schreibt Zimmermann: „Ich strengte meinen ermüdeten Körper übernatürlich an und verfiel bey dem diesen Winter hindurch täglich fortgedauerten [sic] Regenwetter

und dem nächtlichen Sitzen nach und nach in mancherley
Nervenzufälle, Hämorrhoidalzufälle und Anfechtungen
der leidigen Hypochondrie! Und das ist also das in
Hannover so theuer erkaufte Glück! O ihr schönen Tage,
da ich zu Brugg auf meinem Cabinette im Umgange
mit den besten Köpfen aller Zeiten und mit der Ver-
fertigung meiner seitdem in unzählige Hände gekommenen
Schriften zugebracht; — o ihr schönen Tage, ihr seid
verschwunden und mit euch alles Gefühl der Freude!"
Zur Herstellung der Gesundheit ging Zimmermann nach
Pyrmont und erwarb da „keine Gesundheit, aber nicht
wenig Gold und Geld". „Wenn ich meiner elenden
zerbrochenen Nerven wegen in Pyrmont den Brunnen
trank, wenn ich des Morgens, ganz berauscht von diesem
kräftigen Heilwasser, unter vielen hundert Menschen auf
und nieder ging, die ich aus Betäubung nicht mehr
kannte, nicht mehr sah, nicht mehr hörte . . . und dann
gerade hundert Kranke auf mich zustürmten und Rath
und Bescheid haben wollten gegen 20 jährige Reihen
von Krankheiten, oder auch auf Klagen, die keine Laus
werth waren, so gestehe ich, daß ich oft aus der Fassung
kam . . . nach meiner stillen Kammer eilte und nun den
ganzen Tag an meinem Kopfe litt wie der heilige Lau-
rentius, als er auf einem Rost gebraten ward." In den
folgenden Jahren unternahm Zimmermann viele Reisen.
Während deren ging es ihm gut, zu Hause kehrten die
alten Leiden wieder. Die Tochter hatte er im April 1773
in eine Schweizer Pension, den Sohn zur Universität
nach Göttingen geschickt. Er jammert über die Hypochon-

drie, habe bei Hunger und nach dem Essen höllische
Schmerzen, seine Seele sei unthätig und in den tiefsten
Abgründen der Schwermuth versunken. Die Stadtpraxis
gab er auf und verwandte viel Zeit auf Schriftstellerei.
Streitlust und Rücksichtslosigkeit traten mit großem Selbst-
bewußtsein zusammen in den Vordergrund. Er sparte
nicht mit Satire, Verhöhnung, Grobheit und beklagte sich
dann darüber, daß der größere Theil des Publicums mit
fanatischer Wuth einen Mann verfolge, der seinen stillen
Weg gehe, krank sei und mit altschweizerischer Offenheit
ein paar sanfte gemeinnützige Wahrheiten sage. Im
Jahre 1773 erschien die zweite Abhandlung „über die Einsamkeit", neben ihr veröffentlichte er viele kleinere Auf-
sätze. Im Jahre 1775 reiste Zimmermann nach der Schweiz.
Er traf auf der Hinreise Goethe in Straßburg und kehrte,
als er mit seiner Tochter von Lausanne zurückkam, in
Frankfurt bei Goethes Eltern ein. Er nennt seine Tochter
damals ein liebes stilles, bescheidenes und wohlgesittetes
Mädchen. Auch Tissot lobt sie sehr, setzt aber hinzu,
sie würde des Vaters Lebensglück gewesen sein, hätte
nicht einige Zeit nach ihrer Abreise von Lausanne ein
heftiger Kummer ihre Gesundheit so zerrüttet, daß die
Folgen nicht zu heben waren. Ihre „erste und einzige
Liebe" hatte sich erschossen. In Hannover brachte Zimmermann einige Jahre in der alten Weise zu. Im Jahre
1777 wurde sein Sohn geisteskrank. Dieser hatte als
Kind abwechselnd an Ausschlag und „melancholischer
Apathie" gelitten, hatte sich dann anscheinend erholt, war
1776 in Straßburg von neuem erkrankt. Im December

1777 war er „in völligen Wahnsinn verfallen". Er lebte später blödsinnig in der Schweiz und überlebte den Vater um 20 Jahre. Zimmermann litt unter diesem Unglücke sehr, „die tiefste Melancholie zerriß meine Seele und unnennbare Schmerzen wurden mir beynahe jeden Tag dadurch zu Theil". Am 31. December 1780 wurde die Tochter von einem Blutsturze befallen und am 10. September 1781 starb sie an der Schwindsucht. Ueber Krankheit und Tod der Tochter war Zimmermann ganz verzweifelt, doch rettete er sich durch die Arbeit, indem er die Abhandlung über die Einsamkeit zu einem großen Werke erweiterte. Im October 1782 heirathete er wieder und lebte dann in recht glücklicher Ehe. In den Jahren 1784—85 erschien sein vierbändiges Hauptwerk, in dem seine Vorzüge wie seine Schwächen deutlich zu Tage treten. Es hatte den verdienten großen Erfolg. Katharina II. schrieb dem Verfasser, dieses Buch sei das stärkste Gegengift gegen die Hypochondrie. Ihm aber half es doch nichts. Je älter er wurde, um so mehr wuchsen Krankheit und Streit. Im J. 1786 ließ ihn Friedrich II. vor seinem Tode rufen und er besuchte dann den König einige Wochen lang täglich zweimal. Auf Grund seiner persönlichen Beobachtung, sowie mündlicher und schriftlicher Mittheilungen von hohen Beamten veröffentlichte er in der Folge mehrere Schriften über den preußischen König, in denen er nicht nur die eigene Person zu sehr hervortreten ließ, sondern auch in der schärfsten Weise gegen die Berliner Aufklärer und die Aufklärungssynagoge polemisirte. „Sie hauen, stechen, schießen um sich her, mein bester Zimmermann (schrieb Gleim), wie ein von allen Ständen der Menschen im höchsten Grade Beleidigter!" Es entstand ein wahrer Sturm der Entrüstung, Zimmermann wurde von vielen Seiten auf das Heftigste angegriffen und antwortete seinen Gegnern mit Keulenschlägen. Die Aufregung durch die Polemik mußte Zimmermanns krankhafte Verstimmung steigern. „In seinem sonst so hellen Kopfe ward es immer trüber, die Ideen verwirrten sich, und er versank immer tiefer in die schwärzeste Hypochondrie." „Schreckensbilder einer tief haftenden Monomanie bemächtigten sich seiner; Plünderung und Verwüstung, Auswanderung und Elend wurden jetzt seine herrschenden Gedanken." Er fürchtete besonders die Folgen der französischen Revolution. „Bald fürchtete er von den Franzosen als Aristokrat verhaftet und gemißhandelt zu werden, bald glaubte er vor Armuth Hungers sterben zu müssen." Er aß nur ein paar Bissen, gab dann den Teller dem Diener zum Aufheben, damit er morgen auch etwas habe. Das Silber ließ er einpacken, damit es den Franzosen nicht in die Hände komme. „Vom Monat November 1794 an verlor er Schlaf, Appetit, Kräfte und magerte auffallend ab." Trotz einer Besserung im Frühjahre 1795 wurde der Zustand immer schlimmer. Der Kranke wurde ganz leistungsunfähig und mehr und mehr eine Beute seiner melancholischen Wahnvorstellungen. „Von der schrecklichsten inneren Unruhe und Aufregung ward er gequält, und stets klagte er über die unerträglichsten Schmerzen; ganze Stunden lang war sein Winseln und lautes Klagen vernehmlich." Am 7. October 1795 starb Zimmermann im 67. Jahre.

Ueber den vortrefflichen unglücklichen Mann schrieb Tissot: „Zimmermann vereinigte in sich ein großes und originelles Genie, eine glänzende Einbildungskraft, viel Witz, eine seltene Urtheilskraft und sehr ausgebreitete Kenntnisse. Seine Seele war rein, sein Herz vortrefflich; Niemand konnte seinen Pflichten mehr anhängen." Die Wittwe schrieb: „Was würde das für ein Mann gewesen sein, wenn seine Nerven ihn niemals beherrscht hätten!" —

Vergleicht man die hier gegebene Darstellung mit der Schilderung Goethes in Wahrheit und Dichtung, so sieht man, daß Goethe den Zimmermann sehr richtig und dabei wohlwollend beurtheilt hat. Goethe sagt: „Zimmermann war gleichfalls eine Zeit lang unser Gast. Dieser, groß und stark gebaut, von Natur heftig und gerade vor sich hin, hatte doch sein Aeußeres und sein Betragen völlig in der Gewalt, so daß er im Umgang als ein gewandter, weltmännischer Arzt erschien, und seinem innerlich ungebändigten Charakter nur in Schriften und im vertrautesten Umgange einen ungeregelten Lauf ließ. Seine Unterhaltung war mannichfaltig und höchst unterrichtend; und konnte man ihm nachsehen, daß er sich, seine Persönlichkeit, seine Verdienste sehr lebhaft vorempfand, so war kein Umgang wünschenswerther zu finden." Goethe habe sich an Zimmermanns Eitelkeit nicht gestoßen, er habe, da beide einander gelten ließen, in kurzer Zeit sehr viel von ihm gelernt. Er fügt hinzu, daß eitel eigentlich nicht der richtige Ausdruck sei, da dieses Leere bedeute, Zimmermann aber gerade „große Verdienste und kein inneres Behagen" hatte.

Der Tadel richtet sich gegen Goethes Bemerkungen über die Härte Zimmermanns gegen seine Kinder. „Dieser tadelnswürdigen Eigenheit eines so verdienstvollen Mannes würde ich kaum erwähnen, wenn dieselbe nicht schon öffentlich wäre zur Sprache gekommen, und zwar als man nach seinem Tode der unseligen Hypochondrie gedachte, womit er sich und Andere in seinen letzten Stunden gequält. Denn auch jene Härte gegen seine Kinder war Hypochondrie, ein partieller Wahnsinn, ein fortdauerndes moralisches Morden, das er, nachdem er seine Kinder aufgeopfert hatte, zuletzt gegen sich selbst kehrte. Wir wollen aber bedenken, daß dieser so rüstig scheinende Mann in seinen besten Jahren leidend war, daß ein Leibesschaden unheilbar, den geschickten Arzt quälte, ihn, der so manchem Kranken geholfen hatte und half. Ja dieser brave Mann führte bei äußerem Ansehen, Ruhm, Ehre, Rang und Vermögen das traurigste Leben, und wer sich davon aus vorhandenen Druckschriften noch weiter unterrichten will, der wird ihn nicht verdammen, sondern bedauern."

Soviel ist sicher, daß aus Goethes Worten keine Animosität spricht. Sind seine Angaben über Zimmermanns Kinder nicht richtig, so kann es sich nur darum handeln, daß er falsch berichtet war. Es ist daher unpassend, wenn Zimmermanns Biograph meint, es handle sich bei Goethes Darstellung um „Dichtung". Goethe erzählt, Zimmermanns Tochter sei auffallend ruhig und

schweigsam gewesen, in ihrem Gesichte habe sich kein
Zug von Theilnahme aufgethan. Diese Angaben stimmen
mit Zimmermanns eigener Schilderung überein (sie war
immer „stille, gepreßt, furchtsam und zurückhaltend").
Außerdem war nach Tissots Aussage das Mädchen damals verstört und in einem krankhaften Zustande, den
richtig zu deuten die Frankfurter Wirthe außer Stande
waren. Bei vorübergehender Abwesenheit des Vaters
habe sich das Mädchen der Frau Rath zu Füßen ge-
worfen und habe sie gebeten, sie zu behalten. Sie wolle
nicht zu ihrem Vater zurückkehren, von dessen Härte und
Tyrannei man sich keinen Begriff machen könne. Ihr
Bruder sei über diese Behandlung wahnsinnig geworden,
sie habe es nur deshalb bisher ertragen, weil sie es nicht
besser gewußt habe.

Die Frage ist also zunächst die, ist Zimmermann
gegen seine Kinder hart gewesen? Zimmermanns
Biograph verneint diese Frage und weist auf die zärt-
lichen Aeußerungen in den Briefen und auf den der
Tochter gewidmeten Nachruf in der „Einsamkeit" hin.
Diese Beweisgründe wollen nicht viel sagen, denn wir
erleben es auch heute oft genug, daß nervöse Personen
durch Heftigkeit und Unverstand ohne eigentlich bösen
Willen ihren Angehörigen das Leben verbittern und doch
in ihren Briefen von Zärtlichkeit überfließen. Daß
Zimmermann außerordentlich heftig und schroff war,
steht fest; es können seine Kinder ihn gefürchtet haben,
trotzdem daß er sie auf seine Weise liebte. Gewiß hat
Goethe die Erzählung seiner Mutter nicht aus der Luft

gegriffen. Auch ist es denkbar, daß das junge Mädchen in ihrer krankhaften Erregung Dinge gesagt hat, die sie nicht verantworten konnte. Zimmermann erzählt, daß er nach ihrem Tode die feurigsten Gebete um baldigen Tod unter ihren Papieren gefunden habe. Irrthümlich ist das, was Goethe über den Bruder sagt, da dieser erst später wahnsinnig geworden ist. Damit ist nicht gesagt, daß er sich nicht früher über den Vater beschwert habe. Irrthümlich ist die Bemerkung Goethes, daß man zuletzt den Ausweg gefunden habe, die Tochter in eine Pension zu thun. Sie kam aus der Pension. Diese Gedächtnißfehler Goethes sind verzeihlich; er hatte die Erinnerung, daß die Tochter sich bitter über Zimmermanns Härte gegen die Kinder beklagt habe und unwillkürlich ordnete sich das Uebrige diesem Hauptgedanken unter. Zu der Bemerkung Goethes, der Fehler Zimmermanns sei schon öffentlich zur Sprache gekommen, macht Zimmermanns Biograph 2 Fragezeichen, indessen wird Goethe, was er schrieb, nicht ohne Grund geschrieben haben. Wer will heute nachweisen, daß Goethe sich nicht auf bestimmte Aeußerungen beziehen konnte? Daß Goethe sich etwas harter Ausdrücke bediente (z. B. „moralisches Morden"), ist gewiß zu bedauern, indessen mußte die Erinnerung an die spätere Geisteskrankheit Zimmermanns Goethes Gedanken über diesen Mann eine düstere Färbung geben. Zimmermann selbst hat sich Zeit seines Lebens überspannter Ausdrücke bedient, die Erinnerung an diese Eigenheit mag auch Goethes Sprache hier schroffer gemacht haben, als es ihm sonst eigen war.

IX. Wahlverwandschaften, Wanderjahre und kleinere Erzählungen.

In den hier zusammengefaßten Werken aus Goethes Alter spielen Geisteskranke keine große Rolle, dagegen finden wir hier ziemlich häufig das Wunderbare. Die uns als wunderbar erscheinenden Ereignisse und Eigenschaften sind nach allgemeinem Zeugnisse in der Wirklichkeit immer an mehr oder weniger pathologische Persönlichkeiten geknüpft. Auch Goethe betont wiederholt das Pathologische dabei und dies berechtigt uns dazu, diese Dinge hier zu besprechen.

In den Wahlverwandschaften ist Ottilie eine pathologische Persönlichkeit. Sie erinnert in mancher Hinsicht an Mignon: zarte Körperbeschaffenheit, vorwiegendes Gemüthsleben, einseitige Begabung. Sie leidet an halbseitigen Kopfschmerzen und tödtet sich schließlich durch Verhungern wie Sperata. Zum ersten Male erwähnt Goethe bei Ottilie die Wahrnehmung bestimmter Bestandtheile des Erdbodens durch veränderte körperliche Zustände. Ottilie liebt es nicht, einen bestimmten Weg zu gehen, sie empfindet dabei einen ganz eigenen Schauer und bekommt ihr Kopfweh an der linken Seite. Es stellt sich heraus, daß an jener Stelle in einiger Tiefe Steinkohlen liegen. Infolgedessen werden mit dem schönen Kinde Versuche angestellt. Es wird ein Apparat von goldenen Ringen, Markasiten [Eisenkies] und anderen metallischen Substanzen gebracht und die Versuchsperson muß an Fäden schwebende Metalle über liegenden Metallen halten. In Charlottens Hand bleibt der Faden ruhig. Ottilie „hielt den Pendel noch ruhiger, unbefangener, unbewußter über die unterliegenden Metalle: aber in dem Augenblicke ward das schwebende wie in einem entschiedenen Wirbel fortgerissen und drehte sich, je nachdem man die Unterlage wechselte, bald nach der einen, bald nach der anderen Seite, jetzt in Kreisen, jetzt in Ellipsen, oder nahm seinen Schwung in geraden Linien." Bei Wiederholung der Versuche tritt das Kopfweh ein. Düntzer bemerkt zu diesen Experimenten, daß damals die Versuche der Rhabdomantie, des Fühlens von unterirdischen Metallen, Mineralien und Wässern, die man 1806—7 mit dem Italiener Campetti angestellt hatte, berühmt waren. Schelling habe sich darüber in einer Notiz über die Eigenschaften der Erz- und Wasser-Fühler ausgesprochen.

Die „terrestrischen Märchen" kehren in den Wanderjahren wieder. Montan „eröffnet," daß ihm „eine Person zur Seite gehe, welche ganz wundersame Eigenschaften und einen ganz eigenen Bezug auf alles habe, was man Gestein, Mineral, ja sogar was man überhaupt Element nennen könne. Sie fühle nicht bloß eine große Einwirkung der unterirdisch fließenden

Wasser, metallischer Lager und Gänge, sowie Steinkohlen und was dergleichen in Massen beisammen sein möchte, sondern, was wunderbarer sei, sie befinde sich anders und wieder anders, sobald sie nur den Boden wechsele." Später wird die Person geschildert. Sie erscheine als derbes Landmädchen, zur Arbeit auf dem Felde geschickt; werde sie durstig, so springe sie querfeldein zu versteckten Quellen. Düntzer erwähnt zu dieser Stelle außer den Versuchen mit Campetti die 1817 mit einer gewissen Katharina Beutler angestellten. Die Person Montans hält er für einen Bauernknaben.

Es scheint mir zweifellos, daß Goethe in den Geschichten vom Metall- und Wasser-Fühlen, bei denen man an die Wünschelruthe denkt, mehr als Märchen gesehen habe.

In den Wanderjahren treffen wir ferner die wunderbare Makarie. Sie erscheint als ein älteres lediges Frauenzimmer mit hervorragenden intellectuellen und moralischen Eigenschaften. Sie lebt abgeschieden und gilt den sie verehrenden Familiengliedern als krank. In Wirklichkeit aber ist sie nicht krank, sondern nur durch ihre merkwürdigen inneren Zustände zur Abtrennung genöthigt. „Makarie befindet sich zu unserem Sonnensystem in einem Verhältniß, welches man auszusprechen kaum wagen darf. Im Geiste, der Seele, der Einbildungskraft hegt sie, schaut sie es nicht nur, sondern sie macht gleichsam einen Theil desselben: sie sieht sich in jenen himmlischen Kreisen mit fortgezogen, aber auf eine ganz eigene Art; sie wandelt seit ihrer Kindheit um die

Sonne und zwar, wie nun entdeckt ist, in einer Spirale, sich immer mehr vom Mittelpunkt entfernend und nach den äußeren Regionen hinkreisend." Ich muß gestehen, daß ich mir bei diesen Angaben gar nichts denken kann. Man möchte glauben, Goethe habe die Leser mit diesen Geheimnissen ein wenig mystificiren wollen. Düntzer meint, manche Züge zu Makarien habe dem Dichter „ohne Zweifel" Frau von Stein dargeboten, die von frühester Jugend an sich von den Sternen wunderbar angezogen gefühlt habe und noch im höchsten Alter den Beobachtungen der Gestirnwelt nachhing. Das mag ja sein, aber erfreulicher wird dadurch die in Spirallinien von der Sonne weglaufende Makarie nicht. Offenbar kommt Makarien auch eine Art von animalischem Magnetismus zu, denn als sie die leidenschaftliche und verstimmte Lydia auf den Kopf küßt, verliert diese ihren schweren lästigen Kopfdruck. Natürlich hat man zu denken, daß das Wohlwollen der Heiligen den Druck von der Sünderin nehme, doch schließt diese Deutung eine wirkliche Heilung von körperlichen Beschwerden nicht aus.*) Wenn Rich. M. Meyer auf Goethes eigene Empfindlichkeit gegen Witterungseinflüsse hinweist, so paßt das vielleicht nicht ganz. Eher läßt man sich den Hinweis dieses Autor auf die Somnambulen gefallen. Ob freilich

---

*) Neuerdings hat R. M. Meyer darauf hingewiesen, daß ein alter Schriftsteller, Stockfleth (1669—73) eine „kunst- und tugendgezierte Macarie" geschildert habe. Von ihr verbreitet sich über die Umgebung Ruhe, Klarheit, Veredelung. Damit sei die Aehnlichkeit mit Goethes M. zu Ende.

Goethe, als er Makarien beschrieb, an die verwirrten Aeußerungen der Seherin von Prevorst über ihren Zusammenhang mit Sonne und Mond, des Lebenskreises mit dem Sonnenkreise gedacht hat, weiß ich nicht,*) jedoch phantasirten die Somnambulen wohl manchmal in solcher Weise.

Wunderbare Ereignisse spielen in den Erzählungen der Ausgewanderten eine Rolle. In einer Geschichte wird von der Nachwirkung des Wunsches eines sterbenden verschmähten Liebhabers berichtet. Gegen Mitternacht ertönt in der Nähe der grausamen Geliebten eine klägliche, durchdringende, ängstliche und lange nachtönende Stimme, die von allen Leuten in der Nähe gehört wird. Der Schrei wiederholt sich zur gleichen Stunde an den verschiedensten Orten, die das Frauenzimmer aufsucht. In der Folge wird von einem 14 jährigen Mädchen erzählt, das ausschließlich beim Gehen von Klopftönen verfolgt wurde. Als das Mädchen mit der Hetzpeitsche bedroht wird, hört das Pochen auf. Diese Geschichte ist recht merkwürdig. Zu Goethes Zeit ahnte man noch nicht, welche wichtige Rolle später die Klopftöne spielen würden, und andererseits haben die meisten

---

*) Als Goethe über Magnetismus und die Seherin von Prevorst sprach (zu dem Canzler v. Müller), bemerkte er: „ich habe mich immer von Jugend auf vor diesen Dingen gehütet, sie nur parallel an mir vorüberlaufen lassen. Zwar zweifle ich nicht, daß diese wundersamen Kräfte in der Natur des Menschen liegen, ja sie müssen darin liegen, aber man ruft sie auf falsche, oft frevelhafte Weise hervor. Wo ich nicht klar sehen, nicht mit Bestimmtheit wirken kann, da ist ein Kreis, für den ich nicht berufen bin. Ich habe nie eine Somnambule sehen mögen."

späteren Berichterstatter Goethes Erzählung sicher nicht gekannt. Trotzdem gleichen viele moderne Berichte ganz der Anekdote Goethes. Jugendliche hysterische Personen werden auf unbekannte Weise Ursache von eigenthümlichen Geräuschen oder Bewegungen, am häufigsten von Klopftönen, und das Phänomen hängt vom Gemüthszustande der „Medien" ab.

Sympathie lebloser Gegenstände zeigt sich in folgender Erzählung. Ein Schreibtisch verbrennt bei einer Feuersbrunst. Zur gleichen Zeit springt die Deckplatte eines anderen Schreibtisches, der von demselben Meister (Röntgen) aus demselben Baumstamme verfertigt worden ist. —

Es sei gestattet an dieser Stelle an anderweite Mittheilungen Goethes über das Wunderbare zu erinnern. Es trat ihm schon in der Kindheit entgegen. Sein Großvater Textor hatte „die Gabe der Weissagung", besonders hatte er bedeutungsvolle Träume. So erzählt Goethe bekanntlich in Wahrheit und Dichtung. Er fügt hinzu, daß Personen ohne Ahnungsvermögen in Textor's Sphäre für den Augenblick die Fähigkeit erhielten, ferne Krankheit oder Tod vorzuempfinden. In wieweit Goethe früher auf solche Angaben Werth gelegt hat, wissen wir nicht. Als er seine Jugendgeschichte schrieb, führten ihn wohl Bettina's Mittheilungen auf jene Anekdoten. Nach Bettina hatte auch die Großmutter Textor telepathische Empfänglichkeit, wie die Todankündigung eines ihrer Freunde darthat. Sie hörte in einer Nacht Seufzen und Rauschen von Papier, fürchtete sich sehr. Am andern Morgen brachte man ihr ein zerknittertes Papier, auf das der

Ueber „das Wunderbare" bei Goethe.

sterbende Freund seine letzte Bitte hatte schreiben wollen. Sie nahm die Waise zu sich, so den unausgesprochenen Wunsch deutend. Goethe sagt, auf keines der Kinder und Enkel sei die Gabe des Großvaters übergegangen. Dem widersprechen aber seine eigenen Mittheilungen. Man erinnere sich an den bekannten Wachtraum, in dem Goethe sich im hechtgrauen Anzuge erblickt und den er selbst als fatidik, als Vorbild der Zukunft ansieht. Ferner sagte Goethe zu Eckermann: „Wir wandeln alle in Geheimnissen", und erzählte dann von Ahnungen und Fernwirkungen der Seele, „wovon ich mehrere Beispiele erzählen könnte." Er selbst habe durch den bloßen Willen die Gedanken Anderer beeinflußt. Nun folgt eine Geschichte, nach der er einmal die Geliebte einzig durch seine Sehnsucht aus ihrem Zimmer auf die Straße gelockt habe. In den Briefen des Heinrich Voß wird berichtet, Goethe habe am letzten Neujahrs-Morgen, den Schiller erlebte, ihm ein Gratulationbillet geschrieben. Als er es durchlas, fand er zu seinem Schrecken, daß er unwillkürlich geschrieben hatte: „der letzte Neujahrstag", statt „erneute", oder „wiedergekehrte" oder dgl.; voll Schrecken zerriß er das Billet und begann ein neues. Als er an die ominöse Zeile kam, konnte er sich nur mit Mühe enthalten, wieder vom letzten Neujahrstage zu schreiben. „So drängte ihn die Ahnung!" Am selben Tage erzählte Goethe der Frau von Stein den Zufall und sagte, es ahne ihm, daß entweder er oder Schiller in diesem Jahre scheiden werde.

In dem Aufsatze über Filippo Neri berichtet Goethe

theilnehmend über die wunderbaren Ereignisse, die dieser Heilige eben so wie die anderen Heiligen erlebt hat: Eckstase, Levitation, Telepathie u. s. w. Gelegentlich sagt er: „Ihn berechtigten jedoch zu einer so seltsamen Pädagogik die außerordentlichsten, zwischen den höchst geistigen und höchst körperlichen schwebend erscheinenden Naturgaben: Gefühl einer sich nahenden noch ungesehenen Person, Ahnung entfernter Begebenheiten, Bewußtsein der Gedanken eines vor ihm Stehenden, Nöthigung anderer zu seinen Gedanken."

Wie schon erwähnt, hat B. Cellini Ahnungen und geheime Antriebe, als faßte ihn jemand und spräche zu ihm.

Goethe hat zwar zu Riemer gesagt: „Der Aberglaube ist den Dichtern zuträglich," indessen ist es wohl sicher, daß wenigstens der alte Goethe in den Berichten über das Wunderbare nicht nur Aberglauben gesehen hat. Es entspricht vollständig seiner zarten und scheuen Art zu denken, daß er nicht alles ablehnte, was unserer alltäglichen Erfahrung zu widersprechen scheint. Er stand dem Unerkannten mit Ehrfurcht gegenüber und war nicht geneigt, mit den plumpen Geistern zu schreien: alles, was ich nicht begreife, ist Betrug. Er begnügte sich gern mit Andeutungen. Je älter er wurde, um so mehr liebte er eine geheimnißvolle Ausdrucksweise. Mit Vorliebe sprach er von „dem Dämonischen". Trotz zahlreicher Aeußerungen kann man nicht recht sagen, was er sich dabei gedacht hat. „Das Dämonische, sagte er zu Eckermann, ist dasjenige, was durch Verstand und Vernunft nicht aufzulösen ist. In meiner Natur liegt es nicht, aber ich bin ihm unterworfen." Das Dämonische äußere sich in einer durchaus positiven Thatkraft. Napoleon und auch Carl August hatten das Dämonische, bei Mephistopheles dagegen ist es nicht vorhanden, er ist zu negativ. Dagegen lebte es in B. Cellini, in Filippo Neri. „Je höher ein Mensch, desto mehr steht er unter dem Einfluß der Dämonen und er muß nur immer aufpassen, daß sein leitender Wille nicht auf Abwege gerathe." Der Mensch muß wieder ruinirt werden; hat er seine Sendung erfüllt, so stellen ihm die Dämonen ein Bein nach dem andern. Auch in Wahrheit und Dichtung finden wir Auseinandersetzungen über das Dämonische. Bielschowsky sagt von ihnen: „Aber bei der Unbestimmtheit des weder göttlichen noch teuflichen Wesens, das durch Verstand und Vernunft nicht aufzulösen ist und das ihm auch das Unbelebte zu durchdringen schien, war es ihm unmöglich, mit allen Darlegungen etwas Deutliches und Faßliches auszusprechen. So viel läßt sich jedoch erkennen, daß es ihm beim Menschen eine dunkelwirkende Macht war, die ihn mit unbegrenztem Zutrauen zu sich selbst erfüllt, und dadurch ihn ebenso zu großer erfolgreicher That befähigt, wie sie ihn in Unheil oder Verderben führt." Vielleicht würde Goethe folgende Darstellung nicht ganz abgelehnt haben. Es ist nur Schein, daß wir vollkommen getrennte Individuen sind. Wie wir in materieller Auffassung nur Theile eines Systems sind, die Materie durch uns hindurchtritt, materielle Bewegungen ungehindert durch das Ganze ziehen, so sind wir auch in geistiger Beziehung in ein Ganzes eingepflanzt und nehmen an seinem Leben theil, leben und handeln als seine Organe. Im normalen oder Durchschnitts-Zustande merken wir von unserer thatsächlichen Verbindung unter einander und mit dem Ganzen nichts, in pathologischen Zuständen aber und besonders beim Genie reißen sozusagen für Augenblicke die uns umhüllenden Wolken, es kommt zu einem Handeln und Erleiden ungewöhnlicher Art, der Einfluß des für uns Unbewußten außer uns wird fühlbar. So kommen die Eigenschaften und Ereignisse zu Stande, die wir je nach ihrer Erscheinung bald als wunderbar, bald als dämonisch zu bezeichnen geneigt sind. Sie fallen ebenso wie das Gewöhnliche in den gesetzlichen Zusammenhang der Dinge, es liegt nur an unserer Unkenntniß, daß wir ihre gesetzlichen Beziehungen nicht verstehen.

―――――

Ueberblicken wir die Goethischen Gestalten, so finden wir, daß, abgesehen von historischen Darstellungen, nur bei wenigen eine naturgetreue Schilderung krankhafter Geisteszustände gegeben ist. Lila, Orest, der Harfner, Mignon sind freierfundene, bez. nachgebildete Gestalten der Phantasie. Darstellungen nach der Natur sind eigentlich nur der junge Wahnsinnige im Werther, in gewissem Sinne Werther selbst, der närrische Graf und, sozusagen wider den Willen des Dichters, Tasso. Goethe würde demnach im psychiatrischen Examen

Allgemeines und Einzelnes.

nur mäßig gut bestehen, eine weniger gute Note als Shakespeare davontragen. Natürlich kommt es aber darauf gar nicht an. Das, was uns wichtig ist, liegt darin, daß Goethe ohne jede theoretische Schulung, von der Bedeutung des Pathologischen durchdrungen war, daß er öfter als ein anderer Dichter auf dieses hinweist, und ganz besonders, daß er die Zwischenformen zwischen Gesundheit und Krankheit, die vorübergehenden pathologischen Trübungen mit scharfem Blicke verfolgt. Weil wir bei Goethe das dichterisch erfaßte Bild des wirklichen Lebens finden, deshalb sind seine Darstellungen so reich an pathologischen Zügen und an Hinweisen auf das Pathologische.

Die folgende Bemerkung über Schiller, bez. deren von mir gesperrte Worte hätte ich meiner Abhandlung geradezu als Leitspruch voransstellen können. „Die meisten Stellen [Schillers], an welchen Tieck etwas auszusetzen hat, finde ich Ursache als pathologische zu betrachten. Hätte nicht Schiller an einer langsam tödtenden Krankheit gelitten, so sähe das alles ganz anders aus. Unsere Correspondenz, welche die Umstände, unter welchen Wallenstein geschrieben worden, auf's Deutlichste vorlegt, wird hierüber den wahrhaft Denkenden zu den würdigsten Betrachtungen veranlassen und **unsere Aesthetik immer enger mit Physiologie, Pathologie und Physik vereinigen, um die Bedingungen zu erkennen, welchen einzelne Menschen sowohl als ganze Nationen, die allgemeinsten Weltepochen so gut als der heutige Tag unter-**

worfen sind." Was Goethe mit dem Pathologischen bei Schiller meinte, zeigt eine Aeußerung an Eckermann: „Schiller hat nie viel getrunken, er war sehr mäßig; aber in solchen Augenblicken körperlicher Schwäche suchte er seine Kräfte durch etwas Liqueur oder ähnliches Spirituoses zu steigern. Dies aber zehrte an seiner Gesundheit und war auch den Productionen selbst schädlich. Denn was gescheite Köpfe an seinen Sachen aussetzen, leite ich aus dieser Quelle her. Alle solche Stellen, von denen sie sagen, daß sie nicht just sind, möchte ich pathologische Stellen nennen, indem er sie nämlich an solchen Tagen geschrieben hat, wo es ihm an Kräften fehlte, um die rechten und wahren Motive zu finden". —

Einzelne Bemerkungen Goethes über krankhafte Geisteszustände finden wir an vielen Stellen. Ich will hier noch einige zusammenstellen, beabsichtige aber nicht, Vollständigkeit zu erreichen. Bekannt sind die Erörterungen über Hamlet und Ophelia in Wilhelm Meister. Goethe faßt den Hamlet mit Recht nicht als Geisteskranken auf, sondern als einen Menschen, dessen Kraft nicht seiner Aufgabe entspricht, der überlegt statt zu handeln. Bei Ophelia betont er sehr nachdrücklich ihre unbewußte Sinnlichkeit und erklärt dadurch den Umstand, daß sie in der Verwirrtheit nicht „Fragmente aus melancholischen Balladen," wie Aurelie es haben möchte, sondern Liebesliedchen singt. Heinroth billigt Goethes Beurtheilung der Ophelia. Man muß jedoch bemerken, daß der Schluß von den Liebesliedchen auf besonders starke Sinnlichkeit nicht ohne weiteres richtig ist. Gerade die

Allgemeines und Einzelnes. 127

Vorstellungen, die in der Besonnenheit absichtlich zurück-
gedrängt werden, kommen bei Mangel der Besonnenheit
zum Vorscheine. Auch vollkommen züchtige Mädchen
haben von den Angelegenheiten der Liebe mancherlei
gehört und wissen, daß sie das wichtigste im weiblichen
Leben sind; je reiner sie sein möchten, um so mehr haben
sie sich bemüht, ihrer Phantasie die Beschäftigung mit
dem Sinnlichen zu untersagen, und um so leichter wird
im Delirium das Verbotene Gegenstand des Denkens
sein. Diese Thatsache kann Shakespeare sehr wohl bekannt gewesen sein und es ist durchaus nicht nöthig, daß
er Ophelien für sinnlicher als ein anderes Mädchen hat
ausgeben wollen.

Ebenso wie Ophelia durch Gemüthsbewegungen
krank wird, erscheint die Leidenschaft bei Goethe als
Ursache geistiger Störungen überhaupt. Bei jeder leidenschaftlichen Erregung kann man sich eine Steigerung
vorstellen, wo die Leidenschaft in Wahnsinn umschlägt.
So spricht Goethe von seinen eigenen Leidenschaften an
verschiedenen Stellen. Werther sagt, „meine Leidenschaften waren nie weit vom Wahnsinn." Besonders
deutlich tritt diese Auffassung in einer Aeußerung Jarnos
zu Tage. Dieser sagt (als Montan in den Wanderjahren), Wilhelm habe sich bisher mit der Heilung von
Seelenleiden beschäftigt, er solle lieber Chirurgie treiben,
denn zu jener vermöge der Verstand nichts, die Vernunft
wenig, nur die Zeit viel, entschlossene Thätigkeit alles.
Nun hat sich bekanntlich Wilhelm durchaus nicht mit
Psychiatrie beschäftigt, wenn man von seiner Theilnahme

für den Harfner absieht, sondern sein Studium sind eben die Leidenschaften gewesen. Dächte der Dichter nicht Seelenschmerz und Seelenkrankheit in naher Beziehung, so könnte er die Antithese Jarnos nicht zulassen.

Ueber die Behandlung Geisteskranker spricht ausführlicher und weniger absprechend als Jarno der Landgeistliche, zu dem der Harfner gebracht worden ist. Er betrachtet „die Methode, Wahnsinnige zu curiren," als eine ihm zukommende Angelegenheit. „Außer dem Physischen, sagt der Geistliche, das uns oft unüberwindliche Schwierigkeiten in den Weg legt und worüber ich einen denkenden Arzt zu Rathe ziehe, finde ich die Mittel, vom Wahnsinne zu heilen, sehr einfach. Es sind dieselben, wodurch man gesunde Menschen hindert, wahnsinnig zu werden. Man errege ihre Selbstthätigkeit, man gewöhne sie an Ordnung, man gebe ihnen einen Begriff, daß sie ihr Sein und Schicksal mit so vielen gemein haben, daß das außerordentliche Talent, das größte Glück und das höchste Unglück nur kleine Abweichungen vom Gewöhnlichen sind, so wird sich kein Wahnsinn einschleichen, und wenn er da ist, nach und nach wieder verschwinden." Wahrscheinlich kam es zu Goethes Zeiten bei der Mangelhaftigkeit der öffentlichen Heilanstalten oft vor, daß Landgeistliche leidlich ruhige Geisteskranke in Pflege nahmen. Goethe mag solche Leute kennen gelernt und ähnliche Reden wie die hier wiedergegebenen von ihnen gehört haben. Doch ist es mir nicht gelungen, einen geschichtlichen Anhalt zu finden. Anzuerkennen ist bei dem Geistlichen die humane Auffassung, die von barbarischen Mitteln

Allgemeines und Einzelnes.

nichts weiß. Bekanntlich war zu Goethes Zeit die Behandlung der Geisteskranken durch Zwang noch allgemein verbreitet. Man schnallte unruhige Kranke auf den Zwangsstuhl, suchte sie wohl gar durch die Drehmaschine mürbe zu machen, oder legte ihnen doch zum mindesten die Zwangsjacke an. Bei widersetzlichem Verhalten kamen „Strafen" zur Anwendung, kalte Begießungen und anderes mehr. Jedoch war auch der offiziellen Irren-Behandlung ein humaner Geist damals nicht abzusprechen (vgl. S. 21 ff.). Man darf nicht vergessen, daß die uns jetzt erschreckenden Zwangsmaaßregeln nur bei verhältnißmäßig wenig Kranken und nur vorübergehend angewendet wurden. Die Art von Kranken, die ein Geistlicher in seinem Hause verpflegen konnte, fand auch in den meisten oder doch in vielen Anstalten eine milde Behandlung. Auch die Anschauung, daß man ruhigen Kranken durch solche Belehrungen nützen könne, wie sie der Geistliche empfiehlt, war damals weit verbreitet. Sogar unser modernstes Heil-Mittel, die Anregung der Kranken zu eigener Arbeit, wurde schon damals empfohlen, wie denn z. B. im Anfange des Jahrhunderts die Anstalt Sonnenstein bei Pirna, die 1811 eröffnet wurde, den Kranken verschiedenartige Gelegenheiten zur Thätigkeit darbot. Nach alledem ist eine besondere Weisheit in den Worten des Geistlichen nicht zu finden. Daß man weder den, der die Bedingungen des Irreseins in sich trägt, durch die Maaßregeln des Geistlichen vor Erkrankung bewahren, noch die Erkrankten durch sie heilen kann, das weiß man jetzt nur allzugut.

Die einseitig psychologische Auffassung der krankhaften Geisteszustände tritt auch in folgender Aeußerung zu Tage: „Der Mensch ist als wirklich in die Mitte einer wirklichen Welt gesetzt und mit solchen Organen begabt, daß er das Wirkliche und nebenbei das Mögliche erkennen und hervorbringen kann. Alle gesunden Menschen haben die Ueberzeugung ihres Daseins und eines Daseienden um sie her. Indessen giebt es auch einen hohlen Fleck im Gehirn, d. h. eine Stelle, wo sich kein Gegenstand abspiegelt, wie denn auch im Auge selbst ein Fleckchen ist, das nicht sieht. Wird der Mensch auf diese Stelle besonders aufmerksam, vertieft er sich darin, so verfällt er in eine Geisteskrankheit, ahnet hier Dinge aus einer anderen Welt, die aber eigentlich Undinge sind und weder Gestalt noch Begränzung haben, sondern als leere Nacht-Räumlichkeit ängstigen und den, der sich nicht mehr losreißt, mehr als gespensterhaft verfolgen." Die Stelle klingt, als wäre sie in Verzweiflung über eine idealistische Philosophie geschrieben.

Zu Riemer sagte der alte Goethe: „Der Grund von allem ist physiologisch. Es giebt ein Physiologisch-Pathologisches, z. B. in allen Uebergängen der organischen Natur, die aus einer Stufe der Metamorphose in die andere tritt. Dies ist wohl zu unterscheiden vom eigentlich morbosen Zustande. Wirkung des Aeußeren bringt Retardationen hervor, welche oft pathologisch im ersten Sinne sind. Sie können aber auch jenen morbosen Zustand hervorbringen und durch eine umgekehrte Reihe von Metamorphosen das Wesen umbringen." Bei dem

Physiologisch-Pathologischen darf man wohl an die körperlichen und geistigen Störungen denken, die die Pubertät, den Eintritt in das Greisenalter und A. begleiten können.

Den Schluß möge eine scherzhafte Scene aus Eckermanns Gesprächen machen. Einmal war Hegel zum Thee bei Goethe. Es wurde über Dialektik gesprochen und Goethe meinte, sie werde oft gemißbraucht, um das Falsche wahr, und das Wahre falsch zu machen. Da hatte Hegel die Dreistigkeit zu erwidern: Das geschehe nur von Leuten, die geistig krank sind. Statt mit Nathan zu sagen: Du bist der Mann, antwortete Goethe mit gutmüthigem Spotte, „solche dialektisch Kranke könnten im Studium der Natur Heilung finden." —

Anhangsweise seien einige Aeußerungen Goethes über Genie und Krankheit wiedergegeben. Es ist eigen, sagte Eckermann, daß man so häufig bei ausgezeichneten Talenten, besonders bei Poeten findet, daß sie eine schwächliche Constitution haben. „Das Außerordentliche, was solche Menschen leisten, erwiderte Goethe, setzt eine sehr zarte Organisation voraus, damit sie seltener Empfindungen fähig sein und die Stimme der Himmlischen vernehmen mögen. Nun ist eine solche Organisation im Conflict mit der Welt und den Elementen leicht gestört und verletzt, und wer nicht, wie Voltaire, mit großer Sensibilität eine außerordentliche Zähheit verbindet, ist leicht einer fortgesetzten Kränklichkeit unterworfen. Schiller war auch beständig krank. Als ich ihn zuerst kennen lernte, glaubte ich, er lebte keine 4 Wochen. Aber auch er hatte eine gewisse Zähheit, er hielt sich noch die vielen Jahre und hätte sich bei gesunderer Lebensweise noch länger halten können." Weiterhin sagte Goethe: „Es gab zwar eine Zeit, wo man in Deutschland sich ein Genie als klein, schwach, wohl gar bucklig dachte; allein ich lobe mir ein Genie, das den gehörigen Körper hat." Des Menschen Seele sei eine ewige Entelechie. „Ist aber die Entelechie mächtiger Art, wie es bei allen genialen Naturen der Fall ist, so wird sie bei ihrer belebenden Durchdringung des Körpers nicht allein auf dessen Organisation kräftigend und veredelnd einwirken, sondern sie wird auch, bei ihrer geistigen Uebermacht, ihr Vorrecht einer ewigen Jugend fortwährend geltend zu machen suchen."

Goethes eigentliche Meinung stimmt offenbar mit der Schopenhauers überein: der Mensch ist so, wie er aussieht. Das Vorgefühl dieser Thatsache erklärt wohl auch Goethes lebhafte Theilnahme an den physiognomischen Studien. Alle körperlichen Schwächen und Mängel sind zugleich auch geistige Defecte, harmonische Vollendung des Geistes fordert auch Schönheit und Stärke.

B.

Goethes Person.

1. Nachdem ich bisher über das Pathologische in Goethes Werken gesprochen habe, bleibt mir die schwierige Aufgabe noch übrig, über das Pathologische in Goethe selbst zu sprechen.

Das Individuum entsteht auch geistig durch die Mischung des Väterlichen und des Mütterlichen. Goethe ist immer als einer der wichtigsten Belege für Schopenhauers Lehre angesehen worden, nach der der Wille vom Vater, der Intellect von der Mutter ererbt wird. Auch ich glaube, daß für Söhne diese Lehre in der Hauptsache zutreffe, verkenne aber nicht das Mißliche der Trennung des menschlichen Geistes in Willen und Intellect. In Wahrheit ist der Mensch ganz Wollen und der Intellect ist nur das auf Bilder und Begriffe gerichtete Wollen, das ebenso eine individuelle Reaction sein muß wie das anderweite Wollen. Indessen ist doch so viel richtig, daß von einer klugen Frau kluge Söhne, von einer dummen dumme Söhne stammen, daß der Sohn eines braven, tapfern, ausdauernden Mannes ähnliche Eigenschaften zu haben pflegt, daß feige, lügnerische, boshafte Männer ihnen entsprechende Söhne haben. Eine reinliche Trennung läßt sich freilich nicht durchführen, denn gehört die Lebhaftigkeit des Empfindens z. B. zum Willen oder zum Intellect? Andere lehren, daß Söhne vorwiegend der Mutter gleichen, Töchter dem Vater. Auch das ist richtig, muß aber mit Schopenhauers Lehre verknüpft werden derart, daß wir bei dem Sohne gewisse moralische oder Charakter-Eigenschaften des Vaters zu erwarten haben, im Uebrigen aber seine Geistesart der der Mutter ähnlich sein werde, daß umgekehrt bei der Tochter die Natur des Vaters mit Charakter-Eigenthümlichkeiten der Mutter versetzt sein werde. Das Weitere liegt freilich ganz im Dunkeln. Bei der Entstehung eines Menschen tritt etwas völlig Neues ein: Zwei Keimstoffe, wie sie in gleicher Weise einander noch nie getroffen haben, liefern ein Ergebniß, das noch nie dagewesen ist. Wir haben ja keine Ahnung davon, wie beide auf einander wirken; da mögen ihre Eigenheiten bald Hemmungen bewirken, bald vervielfachend wirken; die complicirteste chemische Gleichung ist ein Kinderspiel gegen dieses Experiment. Auch müssen Beschaffenheit und Wirkungsart der Keimstoffe nach den Zeitumständen verschieden sein, außerdem sind die einzelnen Keime offenbar zur selben Zeit verschieden, da sonst die oft weitgehende Verschiedenheit der Geschwister gleichen Geschlechts unerklärbar wäre.[1])

---

[1]) In Wirklichkeit sind nicht nur die einzelnen Keime verschieden stark, sodaß u. U. der eine männliche Keim stärker ist als der weibliche, der andere schwächer, sondern sie sind auch insofern qualitativ verschieden, als bei dem einen die väterlichen

Bei der Mangelhaftigkeit unserer Einsicht kann von einer befriedigenden Erklärung des Wunders Goethe aus den Eigenschaften seiner Eltern keine Rede sein.

Goethe sagt selbst, er habe vom Vater die Natur. Ueber die Aehnlichkeit der Gesichtszüge ist, soviel ich nach den mir bekannten Bildern urtheilen kann, schwer etwas zu sagen. Verläßt man sich auf den ersten Eindruck, so ist die Aehnlichkeit zwischen Goethe und der Mutter unverkennbar, besonders die Augen und die Züge der Mundgegend bewirken diesen Eindruck. Dagegen ist die Nase der Mutter ganz anders als die des Sohnes und die Stirn ist mehr nach vorn gebaut. Andererseits besteht zwischen dem Bilde des Rathes von Melchior und den Bildern des alten Dichters trotz aller Verschiedenheit ausgesprochene Verwandtschaft, besonders nach Stirn, Nase, Wange.

Als Eigenschaften des Vaters werden genannt: „ernste Beharrlichkeit und Gediegenheit, die sich in dem größten Lehr- und Lerneifer, in strenger Ordnungsliebe, gepaart mit Gewissenhaftigkeit, in Rücksichtslosigkeit gegen sich selbst, in Bedürfnißlosigkeit und eiserner Selbstzucht äußerte." Es ist ersichtlich, daß dieselben Tugenden am Sohne gerühmt werden dürfen. Beim Vater wurden sie getrübt durch eine gewisse Beschränktheit, die ihn als pedantisch, eigensinnig, gegen die Familie rücksichtslos, engherzig erscheinen lassen konnte. Das Auffallendste ist dem Sohne

---

Eigenschaften des Eigenthümers bei dem andern seine mütterlichen Eigenschaften mehr ausgeprägt sind, ja die Fälle von Atavismus zeigen, daß noch weitergehende Differenzirungen vorkommen.

gegenüber das phantasielose nüchterne Wesen des Vaters. Dabei muß der Mann gut befähigt gewesen sein, was durchaus mit den Angaben über seine vortreffliche Mutter stimmt. Der Eigensinn, der den jungen Mann einsam gemacht und eines über das Haus hinausgreifenden Berufes beraubt hatte, wurde mit den Jahren immer größer. Geiz und mißtrauisch-mürrisches Wesen machten ihm und seiner Umgebung das Leben schwer. Im Alter verfiel er rasch, er wurde geistesschwach und verbrachte die letzten Jahre in einem traurigen Zustande. Es ist klar, daß das Pathologische in ihm stark war.

Wenn der Sohn in erster Linie der Mutter und diese ihrem Vater gleicht, so muß der mütterliche Großvater eine wichtige Person sein und Goethe muß seine eigenartige Befähigung zunächst dem Großvater Textor verdanken. Das ist nun schwer einzusehen, da das Bild des tüchtigen ehrenfesten Schultheißen uns als Vorbild eines Dichters nicht recht taugen will. Indessen hat dieser Mann doch wahrscheinlich latente Eigenschaften gehabt, seine Ahnungen und Träume deuten auf eine phantasievolle Natur. Im Grunde wissen wir recht wenig davon, wie es in dem alten Herren ausgesehen hat. Auch von seiner Frau wissen wir recht wenig, aber ihr Bild mit den großen bedeutenden Augen, dem strengen Herrscherblicke und der sehr hohen, mächtigen Stirn, bei dem man unwillkürlich an das Bild des Enkels denkt, beweist, daß sie ein ungewöhnliches Weib war.

Goethes Mutter ist uns durch die Schilderung des Sohnes, durch ihre Briefe und neuerdings durch Heinemanns schönes Buch nahe gerückt. Gab der Vater den tüchtigen festen Grund des Geistes unseres Dichters, so wurde dieser doch erst durch die von der Mutter ererbten Eigenschaften zum Dichter. Ueberaus warme Empfindung und Phantasie, Frohmuth und unbesiegbare Lebensfreude sind die wichtigsten Geschenke, die sie ihm gab. Ihre Urtheilskraft überstieg weit das Mittel, aber hier ist die Vergleichung mit des Sohnes Geiste mißlich, denn der Geist ist im weiblichen Organismus doch wie verkleidet und wir würden bei den Müttern großer Männer nicht viel prophezeien können, wenn wir die Söhne nicht schon kennten. Das Pathologische war auf jeden Fall bei der Frau Rath gering.

Wir mögen uns anstellen, wie wir wollen, die Hauptsache bleibt ein Räthsel, eine „Ableitung" Goethes aus seinen Eltern gelingt nicht und nur ein geheimnißvolles Zusammentreffen günstiger Umstände kann den günstigen Erfolg gehabt haben. Daß es nicht auf die Theile an sich, sondern auf die richtige Zusammenstellung der Theile ankam, das zeigt in überraschender Weise Goethes Schwester. Cornelie war ihrem Bruder so ähnlich, daß man die Geschwister zeitweise „an Wachsthum und Bildung für Zwillinge halten konnte", trotzdem fehlte ihr im Körperlichen und im Geistigen die Anmuth. Das Hauptunglück scheint das Vorwiegen der väterlichen Eigenschaften bei der Tochter gewesen zu sein.. Vater und Tochter verstanden sich dabei gar nicht, der Vater behandelte das Mädchen mit rücksichtsloser Strenge und machte durch „unglaubliche Consequenz" die Erziehung zur Qual, das Mädchen wurde verschüchtert, verbittert, ja sie haßte den Vater. Goethe selbst hat bekanntlich Zeit seines Lebens die Schwester für ein merkwürdiges Problem gehalten. Er spricht von ihrem unschönen Körper. „Sie war groß, wohl und zart gebaut, aber die Züge ihres Gesichts waren weder bedeutend noch schön." Bei Betrachtung des Bildes kann man wohl zugeben, daß die abscheuliche Frisur nachtheilig wirkte, doch war offenbar auch das Gesicht trotz der schönen Augen abstoßend, da die scharfen Züge, die starke Nase, die hohe Stirn wohl dem Bruder gut standen, die Schwester aber entstellten. Auf dem Bilde fällt auch die schlechte Haltung auf. Sie habe von Ausschlag zu leiden gehabt, der wunderlicher Weise besonders dann auftrat, wenn sie einen Ball besuchen wollte. Goethe betont besonders, sie sei ganz ohne Sinnlichkeit gewesen, habe geradezu Abneigung gegen den ehelichen Umgang gehabt und deshalb in unangenehmer Ehe gelebt. Er rühmt ihre hohe Sittlichkeit und ihren gesunden, scharfen Verstand, dazu kam aber „ein ernstes starres, gewissermaaßen liebloses Wesen." „Meine Schwester war und blieb ein indefinibles Wesen, das sonderbarste Gemisch von Strenge und Weichheit, von Eigensinn und Nachgiebigkeit." „Man hätte von ihr sagen können, sie sei ohne Glaube, Liebe und Hoffnung." Am deutlichsten zeugt der Umstand, daß auch gegen die Mutter die Tochter abgeschlossen war, für ihr wunderliches Wesen. Schon in dem 1768—69 von ihr geführten Tagebuche tritt nach O. Jahn die Kränklichkeit, die später auch ihren gemüthlichen Zustand so schwer und trübe machte, hervor. Sie klagt wiederholt über ihre Gesundheit, sie werde hypochonder, bald heftig und leidenschaftlich, bald stumpf und gleichgiltig. Ihre Verlobung und Verheirathung mit Schlosser scheinen sie vorübergehend aus sich herausgehoben, belebt und erheitert zu haben. Doch war das Glück nicht von Dauer, da sie der Liebe nicht fähig war. Die etwa $3\frac{1}{2}$ Jahre dauernde Ehe scheint für beide Theile eine Leidenszeit gewesen zu sein. Cornelie zeigte sich körperlich nicht widerstandsfähig: „jeder Wind, jeder Wassertropfen sperrt sie in die Stube," meint Schlosser; nach der ersten Entbindung war sie fast zwei Jahre lang an's Bett gefesselt. Sie lebte mit sich und anderen unzufrieden und wurde immer mißmuthiger. Nach ihrer zweiten Entbindung erlöste sie der Tod.

Daß die unglückliche Cornelie eine durchaus pathologische Natur war, das braucht wohl nicht erst auseinandergesetzt zu werden. Man stellt sich manchmal die Sache so vor, als wäre Cornelie aus Betrübniß über ihre körperlichen Mängel und durch das Verhältniß zum Vater erst krankhaft geworden. Das heißt natürlich die Dinge umkehren: Die äußeren Mißverhältnisse zeigten innere Mißverhältnisse an und sie konnte mit den Leuten nicht auskommen, weil sie von vornherein abnorm war. Ein sehr wichtiges Symptom der Entartung ist die Zerstörung des Eros. Agape und Aphrodisia können da sein, aber sie thun sich nicht zusammen. Daher fehlt die Befriedigung für den Betroffenen und für die ihm Nächsten.

Ueber die nachgeborenen kränklichen und frühgestorbenen Geschwister Goethes wissen wir allzuwenig. Immerhin deutet diese Sterblichkeit auf ein pathologisches Moment vor der Geburt hin. Jakob allerdings wurde 6 Jahre und soll dann einer ansteckenden Krankheit in der Kriegszeit erlegen sein. Doch die nachfolgenden Mädchen wurden nur $2^1/_4$ Jahre, bez. 7 Monate alt.

2. Goethe selbst kam bekanntlich asphyktisch zur Welt „durch Ungeschicklichkeit der Hebamme". Er scheint sich dann normal entwickelt zu haben. Später erkrankten die Goethischen Kinder an den Pocken und Wolfgang wurde nach seiner Schilderung recht stark betroffen. Er kam ohne stärkere Narben durch, aber „eine sehr lebhafte Tante, die früher Abgötterei mit mir getrieben hatte, konnte mich, selbst noch in späteren Jahren, selten ansehen, ohne auszurufen: Pfui Teufel! Vetter, wie garstig ist er geworden." „Weder von Masern noch Windblattern, und wie die Quälgeister der Jugend heißen mögen, blieb ich verschont." Weiterhin erfahren wir von Krankheiten, abgesehen davon, daß den Knaben die Aufregung über die Gretchen-Katastrophe krank machte, nicht viel bis zu der räthselhaften Erkrankung in Leipzig. Die eigene Schilderung Goethes lautet: „Schon von Hause hatte ich einen gewissen hypochondrischen Zug mitgebracht, der sich in dem neuen sitzenden und schleichenden Leben [!?] eher verstärkte als verschwächte. Der Schmerz auf der Brust, den ich seit dem Auerstädter Unfall [er hatte sich an einem steckengebliebenen Wagen überhoben] von Zeit zu Zeit empfand, und der nach einem Sturz mit dem Pferde merklich gewachsen war,

machte mich mißmuthig. Durch eine unglückliche Diät
verdarb ich mir die Kräfte der Verdauung; das schwere
Merseburger Bier verdüsterte mein Gehirn,*) der Kaffee,
der mir eine ganz eigene triste Stimmung gab, besonders
mit Milch nach Tische genossen, paralysirte meine Eingeweide und schien ihre Functionen völlig aufzuheben,
sodaß ich deshalb große Beängstigungen empfand . . .
Meine Natur . . . schwankte zwischen den Extremen von
ausgelassener Lustigkeit und melancholischem Unbehagen.
Ferner war damals die Epoche des Kaltbadens eingetreten . . . Man sollte auf hartem Lager schlafen, nur
leicht zugedeckt, wodurch dann alle gewohnte Ausdünstung
unterdrückt wurde. Diese und andere Thorheiten, in Gefolg von mißverstandenen Anregungen Rousseaus, würden
uns, wie man versprach, der Natur näher führen . . .
Alles Obige nun, ohne Unterscheidung, mit unvernünftigem
Wechsel angewendet, empfanden mehrere als das schäd-
lichste und ich verhetzte meinen glücklichen Organismus
dergestalt, daß die darin enthaltenen besonderen Systeme
zuletzt in eine Verschwörung und Revolution ausbrechen
mußten, um das Ganze zu retten." Ich habe mit Bedacht
die lange Stelle hergesetzt. Wüßte man nicht, wer das
geschrieben hat, so würde man sagen, das ist die Anamnese
eines Hypochonders. Man beachte die schweren An-

---

*) Am 26. August 1770 schreibt Goethe an Frln. v. Kletten-
berg: „So ist's doch mit allem wie mit dem Merseburger Biere,
das erstemal schauert man, und hat man's eine Woche getrunken,
so kann man's nicht mehr lassen." Das Merseburger Bier galt
damals im Gegensatze zu dem leichten, in Leipzig gebrauten
Biere für stark, es war „Exportbier."

klagen gegen den armen Kaffee. Abgesehen davon, daß Goethe in Leipzig wohl nicht allzustarken Kaffee getrunken haben wird, ist es doch ungeheuerlich anzunehmen, Milchkaffee könne die Functionen der Eingeweide aufheben. Goethe will einfach sagen, er habe zu jener Zeit an Verstopfung gelitten. Seinen Zustand kennzeichnet Goethe auch dadurch, daß er meint, er sei damals seiner Umgebung durch widerliche Launen beschwerlich gewesen, er habe Alle „durch krankhaften Widersinn mehr als einmal verletzt" und die Verletzten störrisch gemieden. Im Ganzen wird eine Verstimmung geschildert, wie wir sie auch heute von nervösen jungen Leuten nicht selten geschildert hören. Es werden allerhand äußere Umstände angezogen, die mit der Sache selbst nicht viel zu thun haben und das Mißbehagen nicht erklären können. Der alte Goethe mag den Bericht zugestutzt haben, doch ist wohl nicht anzunehmen, daß die ganze Auffassung der Sache erst aus Goethes Alter stamme. Das Wesentliche war wohl, daß der junge Goethe sich überreizt hatte, weniger vielleicht durch Ausschweifungen im gewöhnlichen Sinne des Wortes, als durch geistige Aufregung. Liest man die Briefe, in denen er seine Eifersucht schildert, so kann man schon glauben, daß das Befinden unter den leidenschaftlichen Erregungen gelitten habe, besonders dann, wenn Bachus und Venus hinterherkamen. Ob das Einathmen von salpetrig-sauren Dämpfen beim Behandeln der Radirungen zu seinen Uebeln beigetragen habe, wie Goethe es vermuthet, das sei dahingestellt.

Soweit wäre alles gut, aber nun kommt der unbegreifliche Blutsturz. Nach den letzten (oben citirten) Worten, mit denen er auf das Ereigniß hindeutet, fährt Goethe fort: „Eines Nachts wachte ich mit einem heftigen Blutsturz auf ... Und so schwankte ich mehrere Tage zwischen Leben und Tod, und selbst die Freude an einer erfolgenden Besserung wurde dadurch vergällt, daß sich bei jener Eruption zugleich eine Geschwulst an der linken Seite des Halses gebildet hatte, die man erst jetzt, nach vorübergegangener Gefahr, zu bemerken Zeit fand."

Die enge Verknüpfung zwischen dem Zustande der Unbehaglichkeit und dem Blutsturze kann vielleicht Sache der Redaction sein. Wahrscheinlich dürfte jener eine Erscheinung für sich sein und erst in der Erinnerung mögen alle krankhaften Erscheinungen der Leipziger Zeit nahe an einander gerückt sein.

Man kann über den Blutsturz verschiedener Meinung sein und ich glaube nicht, daß jetzt noch ein sicheres Urtheil möglich sei. Soviel ich sehe, wird in der Goethe-Literatur der Blutsturz vielfach als Lungenblutung aufgefaßt. Goethe und seine Umgebung waren ursprünglich auch dieser Meinung. Goethe schreibt z. B. von Frankfurt aus an Herrn Schönkopf am 1. October 1768, er befinde sich so gut als ein Mensch, der in Zweifel steht, ob er die Lungensucht hat oder nicht, sich befinden kann. Am 30. December jedoch meldet er Kätchen: „meine Lunge ist so gesund als möglich". Ob er und die Seinigen auch damals noch den Blutsturz für eine Lungenblutung, bez. die Lunge für wiederhergestellt gehalten haben, erfahren wir nicht. Gegen die Annahme einer Lungenblutung läßt sich manches sagen. Sie würde eine Lungentuberkulose voraus setzen, aber ein Blick auf Goethes späteres Leben scheint zu zeigen, daß die Annahme der Tuberkulose zu den größten Unwahrscheinlichkeiten gehört. Die Tuberkulose kann zwar ausheilen, aber das geht gewöhnlich nicht so leicht, wenn es einmal zu einem Blutsturze gekommen ist, und schließlich bleibt der Geheilte ein brüchiger Mensch, der eines Lebens, wie es Goethe bis in das 83. Jahr geführt hat, nicht fähig ist. Auch wird niemals, weder in Wahrheit und Dichtung, noch in den Briefen und anderweiten Berichten aus der Jugend, von Husten, Auswurf, Fieber erzählt. Der Husten in Sesenheim scheint der Ausdruck eines gewöhnlichen Katarrhs gewesen zu sein. Indessen ist es doch nicht unmöglich, daß Goethe einen kleinen tuberkulösen Lungenherd gehabt habe, der unglücklicherweise zur Zerstörung eines größeren Blutgefäßes führte, bei Goethes guter Natur und seiner Kleinheit aber trotzdem rasch ausheilte. Nähme man das an, so würde man eine Erklärung für den Blutsturz gewinnen, der den alten Goethe am 26. November 1830 befiel. Man könnte dann vermuthen, daß in der aus der Jugendkrankheit stammenden Narbe eine Blutgefäßausbuchtung, ein Aneurysma bestanden habe, das 1830 barst.

Ein Blutsturz ist eine plötzliche Blutentleerung aus dem Munde. Man könnte daher bei Goethe auch an eine Magenblutung denken. Ein Magengeschwür kann sich, ohne wesentliche Symptome zu machen, entwickeln, kann zufällig ein größeres Blutgefäß anfressen und kann definitiv vernarben, ohne weitere Folgen zu hinterlassen. Damit stimmt, daß sowohl vor dem Blutsturze als später in Frankfurt besonders von Verdauungstörungen die Rede ist. In dem schon erwähnten Briefe an Kätchen Schönkopf sagt Goethe geradezu, „aber am Magen sitzt was". Indessen bezieht sich diese Aeußerung eben auf den December 68; daß er in Leipzig Magenschmerzen gehabt habe, wird nicht gesagt, auch nicht, daß der Blutsturz etwas mit dem Magen zu thun gehabt habe. Es kann sein, daß Goethe mit seiner Aeußerung nur auf die Verstopfung und die von ihr abhängigen Kolikschmerzen zielt, wie denn auch jetzt die Leute ihre Darmbeschwerden oft auf den Magen schieben. Andererseits wäre es möglich, daß die Frankfurter Kolik ein Anfall von Magenschmerz gewesen wäre, wiewohl mir das nicht recht wahrscheinlich vorkommt.

Will man die Hypothese des Magengeschwüres nicht gelten lassen, die schließlich auch nicht sehr fest begründet ist, so könnte man an eine jener seltenen nervösen Blutungen denken. Daß diese vorkommen, ist sicher, wenn sie uns auch nicht recht verständlich sind: Bei nervösen Leuten jugendlichen Alters tritt ohne örtliche Schädigung da oder dort eine Schleimhautblutung auf, die eine Krisis im Sinne der alten Medicin darstellen kann. Endlich bliebe noch die Möglichkeit, daß die merkwürdige Geschwulst am Halse mit der Ursache der Blutung zusammengehangen habe. Diese Geschwulst zeigte sich später wahrscheinlich als Absceß, denn sie wurde von den Aerzten in Frankfurt aufgeschnitten. Wie man sich die Sache denken sollte, das weiß ich auch nicht recht. Man müßte etwa annehmen, es habe sich um einen Varix, Venenknoten im Anfange der Speiseröhre gehandelt, dieser sei in der Nacht geplatzt, das Blut habe sich theils nach außen ergossen, theils zwischen die Muskeln, und aus letzterem Extravasat sei später der Absceß geworden. Dergleichen Seltenheiten ex post zu diagnosticiren, das bleibt freilich eine schlimme Sache. Da uns aber nichts übrig bleibt, als die verschiedenen Möglichkeiten in's Auge zu fassen, so muß man auch noch an einen Fremdkörper denken, der die Speiseröhre seitlich durchbrechen, durch Verletzung eines Blutgefäßes eine Blutung verursachen und schließlich durch eine Eiterung nach außen entfernt werden kann. Merkwürdig wäre es allerdings, wenn das Eindringen eines solchen Fremdkörpers keine stärkeren Schmerzen verursachte, indessen unmöglich wäre das z. B. bei einem dünnen, glatten und spitzen Knochen nicht. Hat es sich um eine Lungen- oder eine Magenblutung gehandelt, so wäre die Halsgeschwulst wohl als zufällige Complication anzusehen und auf eine vereiterte Lymphdrüse zu beziehen.

Mag es nun so oder so sein, das ist sicher, daß Goethe sich ziemlich rasch wieder erholte. Er war geistig thätig, sah sich in Leipzig noch einen Studenten-Tumult an, reiste dann nach Hause, unterhielt sich unterwegs lebhaft und erschien wohl eher als unglücklicher Liebhaber, denn als Patient. In Frankfurt freilich fühlte er sich nicht wohl, er sei seinem Vater „als ein Kränkling, der noch mehr an der Seele als am Körper zu leiden schien," entgegengetreten. Nun folgt eine ziemlich lange Zeit des Kränkelns. Abgesehen von der Eröffnung der Halsgeschwulst durch einen Chirurgen, der mehrfache Aetzungen folgten, scheint besonders die Stuhlverstopfung Noth gemacht zu haben. „Mir war indeß noch eine sehr harte Prüfung vorbereitet: denn eine gestörte und man durfte wohl sagen für gewisse Momente vernichtete Verdauung brachte solche Symptome hervor, daß ich unter großen Beängstigungen das Leben zu verlieren glaubte und keine angewandten Mittel weiter etwas fruchten wollten." Diese Stelle bezieht sich offenbar auf den December 1768. Goethe schreibt darüber an Kätchen: „Ja meine Liebe, es ist wieder vorbey, und inskünftige müssen Sie sich beruhigen wenn es ja heißen sollte: Er liegt wieder! Sie wissen meine Constitution macht manchmal einen Fehltritt und in acht Tagen hat sie sich wieder zurechte geholfen; diesmal war's arg, und sah noch ärger aus als es war, und war mit schröcklichen Schmerzen verbunden." Er sei drei Wochen lang nicht aus der Stube gekommen. Aus Corneliens Aufzeichnungen erfahren wir, daß Goethe am 7. December 1768 von einer heftigen Kolik befallen wurde, sodaß er starke Schmerzen erlitt. „Zwei Tage hielt dieser schreckliche Zustand an, dann wurde er etwas besser, doch konnte er noch keine Viertelstunde sich aufrecht halten" (nach O. Jahn). Im Januar soll ein neuer Anfall der Krankheit eingetreten sein. Am 13. Februar schreibt Goethe an Frln. Oeser: „O Mamsell, es war eine impertinente Composition von Laune meiner Natur, die mich vier Wochen, an den Bettfus, und vier Wochen an den Sessel anschraubte, daß ich eben so gerne die Zeit über, hätte in einen gespaltenen Baum wollen eingezaubert seyn". . . . „Trutz der Krankheit die war, Trutz der Krankheit die noch da ist, binn ich so vergnügt, so munter, offt so lustig daß ich Ihnen nicht nachgäbe, und wenn Sie mich in dem Augenblicke jetzt besuchten, da ich mich in einen Sessel, die Füße wie eine Mumie verbunden, vor einen Tisch gelagert habe, um an Sie zu schreiben." Warum die Füße verbunden waren, das wissen wir nicht, vielleicht hat es sich um eine ableitende Einpackung gehandelt. Die Angabe, daß er heiter, ja oft lustig sei, wiederholt Goethe an anderen Stellen. Mit der acuten Erkrankung in Leipzig ist die Mißstimmung gewichen und in Frankfurt wiegt trotz aller Reizbarkeit die Heiterkeit vor.

Man kann den Zustand des Reconvalescenten am besten als Nervosität bezeichnen. Er ist reizbar, wechselnden Stimmungen unterworfen, weicher als sonst, ja etwas schwachmüthig und der Kritik abgeneigt. Die nervöse Verstimmung giebt sich auf verschiedene Weise kund. Man vergleiche die Schilderungen der Reizbarkeit in den Briefen, die Hinneigung zu mystisch-pietistischen Auffassungen, die in manchen Briefen geradezu frömmelnde Aeußerungen bewirkt, die Beschäftigung mit „mystischen chemisch-alchymistischen Büchern" und entsprechenden Experimenten. Man vergleiche die an Fräulein Oeser gerichteten Verse vom 6. Nov. 1768*), aus denen hervor-

---

*) So launisch, wie ein Kind das zahnt;
Bald schüchtern, wie ein Kaufmann den man mahnt,

zugehen scheint, daß auch die Aerzte Goethe als Nervösen behandelten. Man denke endlich an die Heilung der Stuhlbeschwerden durch Suggestion. Der Arzt, „ein unerklärlicher, schlaublickender, freundlich sprechender, übrigens abstruser Mann", lockte seine Patienten mit geheimnißvollen, selbstbereiteten Arzeneien an. Besonders deutete er auf ein wichtiges Salz hin, von dem man gar nicht sprechen durfte und das nur in den größten Gefahren anzuwenden war. Als nun die Stuhlbeschwerden arg wurden, „in diesen letzten Nöthen zwang meine bedrängte Mutter mit dem größten Ungestüm den verlegenen Arzt, mit seiner Universalmedicin hervorzurücken." Mitten in der Nacht lief er nach Hause und holte ein

---

> Bald still wie ein Hypochondrist,
> Und sittig wie ein Mennonist,
> Und folgsam, wie ein gutes Lamm;
> Bald lustig, wie ein Bräutigam,
> Leb' ich, und binn halb krank und halb gesund,
> Am ganzen Leibe wohl, nur in dem Halse wund;
>   [d. i. wohl die eröffnete Geschwulst]
> Sehr mißvergnügt daß meine Lunge
> Nicht soviel Athem reicht, als meine Zunge
> Zu manchen Zeiten braucht . . . . .

Nun folgen die auf S. 34 wiedergegebenen Verse. Ferner sagt er, man heiße ihn, seinen Willen zwingen, an nichts Reizendes denken u. s. f.

> O sage Du,
> Kann man was traurigers erfahren?
> Am Körper alt, und jung an Jahren,
> Halb siech, und halb gesund zu seyn?
> Das giebt so melanchol'sche Laune,
> Und ihre Pein
> Würd' ich nicht los, und hätt' ich sechs Alraune.

Gläschen mit alkalisch schmeckenden Krystallen [Glaubersalz?]. „Das Salz war kaum genommen, so zeigte sich eine Erleichterung des Zustandes, und von dem Augenblicke an nahm die Krankheit eine Wendung, die stufenweise zur Besserung führte." Natürlich war man dem wenig lobenswerthen Medicus sehr dankbar, wir aber sehen hier das typische Bild einer erfolgreichen Wachsuggestion, wie sie auch heute berufenen und unberufenen Heilkünstlern bei nervösen Uebeln oft genug gelingt.

Die nächste Krankheit war eine Halsentzündung durch das Einathmen salpetriger Säure beim Aetzen einer Kupferplatte. Hier wiederholt Goethe die Vermuthung, er möge sich so auch in Leipzig beschädigt haben. Man bekommt aber den Eindruck, als sei ihm dieser Gedanke erst bei der Frankfurter Halsentzündung gekommen, während er in Leipzig die Aetzkunst ohne Schaden ausgeübt habe. Am 23. Jan. 1770 heißt es: „Daß ich ruhig lebe, das ist alles, was ich Ihnen von mir sagen kann, und frisch und gesund, und fleißig, denn ich habe kein Mädgen im Kopfe."

Die nervöse Reizbarkeit blieb trotz der Wiederkehr des Lebensmuthes bestehen. In Straßburg plagte sie ihn noch „ . . . so hatte ich innerlich und äußerlich mit ganz anderen Verhältnissen und Gegnern zu kämpfen, indem ich mit mir selbst, mit den Gegenständen, ja mit den Elementen im Streit lag. Ich befand mich in einem Gesundheitszustand, der mich bei allem, was ich unternehmen wollte und sollte, hinreichend förderte, nur war mir noch eine gewisse Reizbarkeit übrig geblieben, die mich nicht immer im Gleichgewicht ließ. Ein starker Schall war mir zuwider, krankhafte Gegenstände erregten mir Ekel und Abscheu; besonders aber ängstigte mich ein Schwindel, der mich jedesmal befiel, wenn ich von einer Höhe herunterblickte." Die „heftige" Kur, die Goethe anwandte, zeigt, daß er in der Hauptsache schon wieder hergestellt war. Nebenhergehen bei dem Zapfenstreiche „neben der Menge der Trommeln, deren gewaltsame Wirbel und Schläge das Herz im Busen hätten zersprengen mögen," Besuch der Anatomie, Besteigen des Münsterthurmes und Freistehen auf einer Plattform unter der Krone, Besuch von Friedhöfen und einsamen Capellen in der Finsterniß, in der That eine heroische Behandlung Sie hatte aber Erfolg und Goethe scheint sich dann in Straßburg recht wohl befunden zu haben. Später erwähnt er, daß er sich mit Arbeiten und Plänen überladen habe, besonders damals, als Herder mit etwas rauher Hand ihn auf neue Gebiete hinweis. Zu der vielfachen Verwirrung kam mit einer angehenden Leidenschaft (zu Friederiken) „noch ein körperliches Uebel, daß mir nämlich nach Tische die Kehle rein zugeschnürt war." Er nennt die Beschwerde eine unerträgliche Unbequemlichkeit, ein heftiges Uebel und schiebt die Schuld dem rothen Tischweine zu. Da die andern Tischgenossen den Wein gut vertragen zu haben scheinen, handelt es sich offenbar um eine besondere Reizbarkeit Goethes. Sie erinnert an seine Abneigung gegen den Kaffee, dem er nicht nur für die Leipziger Zeit, sondern auch später in seinen Briefen an Fr. v. Stein alles mögliche Böse nachsagt, an seine Verurtheilung des Tabaks, an seine Empfindlichkeit gegen Witterungseinflüsse, vermöge der er sich besonders bei niederem Stande des Barometers unlustig, ja unwohl fühlte. Das sind alles Symptome der Nervosität.

Haben wir bisher die mehr körperlichen Störungen, an denen der junge Goethe zu leiden hatte, in's Auge gefaßt, so gilt es nun, d. h. der Wertherzeit gegenüber in die erste Reihe den Geisteszustand zu stellen. Dabei aber muß hervorgehoben werden, daß jede solche Auseinandersetzung der Fülle der Wirklichkeit gegenüber sehr dürftig ausfallen muß, daß, will man nicht ins Grenzenlose gerathen, im Grunde nicht mehr zu thun ist, als Einzelheiten herauszuheben.

In den Schilderungen Goethes selbst und in denen der Mutter erscheint der Dichter als ein frühreifes Kind, lebhaft, heiter, selbstbewußt. Von Anfang an verräth er nicht nur die außerordentliche Lernfähigkeit, sondern auch den ungeheuren Lerneifer, der noch nach 80 Jahren nicht ermatten sollte. Früh tritt die leidenschaftliche Art des Knaben zu Tage. So entflammt er für das Gretchen und geräth nach ihrem Verluste in äußerste Verzweiflung. „Ich hatte, schreibt der Greis, oft halbe Nächte durch mich mit dem größten Ungestüm diesen Schmerzen überlassen, sodaß es durch Thränen und Schluchzen zuletzt dahin kam, daß ich kaum mehr schlingen konnte und der Genuß von Speise und Trank mir schmerzlich ward, auch die so nah verwandte Brust zu leiden schien."*)

---

*) Man lese die ausführliche Schilderung seines „Rasens" am Ende des 5. Buches von Wahrheit und Dichtung nach. Zuletzt trat „eine körperliche Krankheit mit ziemlicher Heftigkeit" ein.

In ganz ähnlicher Weise quält ihn in Leipzig die Eifersucht, wie die noch erhaltenen Aufzeichnungen des Jünglings darthun. Dann folgt die Zeit des Mißmuths. Nach der schweren Erkrankung in Leipzig kehrt der Lebensmuth zurück, aber über Jahr und Tag wird der Genesene von der Nervosität geplagt. Der in Straßburg zu Kraft und Frische Gelangte wird von der Liebe zu Friederiken erfaßt und nach der Trennung von dieser führen Aufregung und Gewissensbedenken zu erneuter Reizbarkeit, die diesmal erfolgreich durch Fußwanderungen, Reiten, Schlittschuhlaufen bekämpft wird. Seit dem Straßburger Aufenthalte denkt Es in Goethe mit Macht. Sucht man sich seinen Geisteszustand vorzustellen, so fallen einem Schillers Verse ein: „Und es wallet und siedet und brauset und zischt, wie wenn Wasser mit Feuer sich mengt." Es ist, als ob ein Fieber in ihm glühte. Die Ausrufungen überstürzen sich, die Sätze werden kaum zu Ende geschrieben, Gedankenstriche sind ein unentbehrliches Mittel des Ausdruckes. Ein Entwurf drängt den anderen, bald führt ihn sein Flug in Himmelshöhen, bald dringt er in finstere Tiefen, bald weilt er behaglich auf der platten Erde, immer aber ist er in Thätigkeit, und wenn er auch Essen und Trinken nicht vergißt, so scheint er doch manchmal des Schlafes kaum zu bedürfen. Ohne viel dabei zu denken, spricht man oft von dem den Dichter leitenden Genius, von seiner Inspiration, hier aber sieht man, daß dies nicht nur Worte sind, daß ein vom Dichter empfundener und für die Umgebung unverkennbarer

Zwang vorhanden ist, ein mächtiges Muß, das aus dem Individuum ein Organ macht, oder vielmehr in diesem Falle deutlich macht, daß das Individuum nur ein Organ ist. Von jeher hat die naive Auffassung die Aehnlichkeit des genialen Wesens mit dem Pathologischen erkannt, hat von göttlicher Trunkenheit, von Furor poeticus u. s. w. gesprochen. Ist die Besonnenheit das wichtigste Merkmal des Normalen, so ist andererseits die fieberhafte Erregung im Fühlen, Denken, Thun mit dem Charakter des Zwanges ein wohlbekanntes pathologisches Bild. Gerade bei dem Zustande des jungen Goethe ist die wenigstens formale Aehnlichkeit zwischen dem Aufblühen des genialen Geistes und der maniakalischen Erregung oder Hypomanie unverkennbar. Lerse drückte das populär aus, wenn er später erzählte, er habe gefürchtet, Goethe werde überschnappen. Sehr ausgeprägt war bei Goethe die Zornmüthigkeit. Schon der Jüngling schreibt von sich: „O sähest du den Elenden, wie er rast, aber nicht weiß, gegen wen er rasen soll, du würdest jammern... Wie könnte ein Toller vernünftig werden? Das bin ich. Ketten an diese Hände. Da wüßt' ich doch, worein ich beißen sollte." Die Zeitgenossen erzählen, wie der junge Goethe seine Wuth ausgelassen habe mit Zerschlagen der Bilder an der Tischecke, mit Zerschießen der Bücher u. s. w. Er habe sich bei Verkehrtheiten nicht erwehren können, mit einem Ingrimm zu rufen: das soll nicht aufkommen; und so habe er irgend eine Handlung üben müssen, um seinen Muth zu kühlen. Lavater schreibt an Zimmermann: „Das sind mir Hunde!

hör' ich Goethen stampfend rufen."*) Bekanntlich werden auch aus Goethes späterem Leben heftige Zornesausbrüche gemeldet.**)

Zu dem geistigen Fieber traten Symptome hinzu, die dem Dichter selbst später als entschieden pathologisch erschienen. Goethe fühlte Ekel vor dem Leben und trug sich mit

*) Wenn die Schilderung Senckenberg's den Thatsachen entspricht, ist man in Goethes Familie gelegentlich recht heftig geworden. S. erzählt, der Rath Goethe und sein Schwiegervater seien in Streit gerathen. Jener habe diesem vorgeworfen, er habe die Stadt an die Franzosen verrathen. „Textor warf ein Messer nach ihm, Goethe zog den Degen."

Goethe sagt dagegen in Wahrheit und Dichtung von seinem Großvater: „Er sprach wenig, zeigte keine Spur von Heftigkeit, ich erinnere mich nicht, ihn zornig gesehen zu haben." Vielleicht darf man hier von großer Selbstbeherrschung reden.

**) Abgesehen von den heftigen Ausbrüchen des Zornes scheint Goethe zuweilen ganz eigenthümliche kurze Zustände von Erregung gezeigt zu haben. Einen solchen beschreibt Prof. Kieser in einem Briefe an Luise Seidler (12. December 1813): „Um 6 Uhr ging ich zu Goethe. Ich fand ihn allein, wunderbar aufgeregt, glühend ganz wie im Kügelgen'schen Bilde. Ich war zwei Stunden bei ihm, und ich habe ihn zum ersten Male nicht verstanden. Mit dem engsten confidentiellen Zutrauen theilte er mir große Pläne mit und forderte mich zur Mitwirkung auf. Ich glaubte, es sei die Zeit nach Tische, aber es gab kein Tröpfchen und dennoch wurde er immer lebendiger. Ich war zu müde, um mich in dieselbe Stimmung zu versetzen; so habe ich mich endlich ordentlich losgerissen. Ich fürchtete mich beinahe vor ihm; er erschien mir, wie ich mir als Kind die goldenen Drachen der chinesischen Kaiser dachte, die nur die Majestät tragen können. Ich sah ihn nie so furchtbar heftig, gewaltig, grollend; sein Auge glühte, oft mangelten die Worte und dann schwoll sein Gesicht und die Augen glühten und die ganze Gesticulation mußte dann das fehlende Wort ersetzen . . . . Er sprach über sein Leben, seine Thaten, seinen Werth mit einer Offenheit und Bestimmtheit, die ich nicht begriff."

Will man nicht doch an Alkohol denken, so ist das von Kieser entworfene Bild merkwürdig genug.

Selbstmordgedanken. Zu Eckermann sagte der alte Goethe, er habe Werthers Leiden nur Einmal wieder gelesen. „Es sind lauter Brandraketen! Es wird mir unheimlich dabei, und ich fürchte den pathologischen Zustand wieder durchzuempfinden, aus dem es [das Buch] hervorging." Und an Zelter schreibt er: „Ueber die That oder Unthat selbst [den Selbstmord des jungen Zelter] weiß ich nichts zu sagen. Wenn das Taedium vitae den Menschen ergreift, so ist er nur zu bedauern, nicht zu schelten. Daß alle Symptome dieser wunderlichen, so natürlichen als unnatürlichen Krankheit auch einmal mein Innerstes durchrast haben, daran läßt Werther wohl niemand zweifeln. Ich weiß recht gut, was es mich für Entschlüsse und Anstrengungen kostete, damals den Wellen des Todes zu entkommen, so wie ich mich aus manchem spätern Schiffbruch auch mühsam rettete und erholte." Am ausführlichsten aber spricht er über die Wertherstimmung in Wahrheit und Dichtung. „Jener Ekel vor dem Leben [d. h. Selbstmordneigung ohne Noth] hat seine physischen und seine sittlichen Ursachen: jene wollen wir dem Arzt, diese dem Moralisten zu erforschen überlassen und bei einer so oft durchgearbeiteten Materie nur den Hauptpunkt beachten, wo sich jene Erscheinung am Deutlichsten ausspricht." Er setzt nun auseinander, das Behagen am Leben beruhe eigentlich auf der periodischen Wiederkehr der Dinge, werde der Wechsel der Tages- und Jahreszeiten u. s. w. einem zuwider, „dann tritt das größte Uebel, die schwerste Krankheit ein; man betrachtet das Leben als eine ekelhafte Last." Als Ursachen dieses Ueberdrußes nennt Goethe die Wiederkehr der Liebe, als wodurch dieser das Merkmal des Ewigen genommen werde, den Wechsel des Moralischen, als Gunst und Neigung, die Wiederkehr der eigenen Fehler, deren Nothwendigkeit der Jüngling nicht begreife. Außer diesen allgemein-menschlichen Motiven nennt Goethe bestimmte Zeitumstände, nemlich den Einfluß der melancholischen englischen Literatur und die Unzufriedenheit mit dem engen, langweiligen, bürgerlichen Leben. „In einem solchen Element, bei solcher Umgebung, bei Liebhabereien und Studien dieser Art, von unbefriedigten Leidenschaften gepeinigt, von außen zu bedeutenden Handlungen keineswegs angeregt, in der einzigen Aussicht, nur in einem schleppenden, geistlosen bürgerlichen Leben hinhalten zu müssen, befreundete man sich in unmuthigem Uebermuth mit dem Gedanken, das Leben, wenn es einem nicht mehr anstehe, nach eigenem Belieben allenfalls verlassen zu können, und half sich damit über die Unbilden und Langeweile der Tage nothdürftig genug hin." Ich kann nicht sagen, daß mich diese Erörterung sehr befriedige. Die Antithese, daß der Wechsel der natürlichen Dinge Grundlage des Behagens, der Wechsel im Moralischen Grundlage des Ueberdrußes sei, ist doch recht künstlich.

Unter den Neueren hat sich besonders Bielschowsky mit der zu Selbstmordgedanken führenden Verstimmung des jungen Goethe beschäftigt. Außer den von Goethe selbst erwähnten Umständen nennt er mehr persönliche Mißverhältnisse, die Zerwürfnisse mit dem Vater, das

Gefühl, allein und unverstanden zu sein, allgemeiner die
Faustgefühle, das Ungenügen an Kunstbestrebungen, die
Enge und Mattigkeit des bürgerlichen Lebens gerade in
Frankfurt, die Abneigung gegen die Rechtsgeschäfte, die
unglückliche Liebe. Ich sollte meinen, die persönlichen
Beziehungen wollen nicht allzuviel heißen. Gewiß mag
man die persönlichen und die Zeit-Umstände als Hülfs-
ursachen herbeiziehen, aber die Hauptsache steckt denn
doch tiefer. Das Taedium vitae der Jugend ist offenbar eine Erscheinung aller Zeiten und der verschiedensten
Völker. Der junge Buddha sah, daß nichts Bestand habe,
und er verneinte das Leben. Der junge Schopenhauer
schrieb das 4. Buch von Wille und Vorstellung. Wie
viele junge Männer mögen in den reichlich 2000 Jahren,
die zwischen Buddha und Schopenhauer liegen, eine ähnliche Noth durchgemacht haben! Man könnte sagen,
daß es eben hochbegabten Menschen eigen sei, den Zwiespalt zwischen dem Ideal und der relativen Nichtigkeit
der Welt besonders schmerzlich zu empfinden und dies
am meisten dann, wenn er sich ihnen zum ersten Male
aufthut. Daran ist sicher etwas Wahres. Der unbe-
deutende Mensch hat mit dem Taedium vitae, von dem
hier die Rede ist, nicht viel zu thun. Aber wenn jene
Erkenntniß die Hauptsache wäre, so müßten doch die von
ihr abhängende pessimistische Auffassung und die melancholische Stimmung im Laufe des Lebens festgehalten,
ja in mancher Hinsicht verschärft werden. Das ist aber
nicht der Fall. In der Theorie zwar kann man Pessimist
bleiben, aber ein Gefühls-Pessimist ist eigentlich nur der

junge Menſch. Je älter man wird, um ſo mehr hängt man am Leben. Das Taedium vitae der Alterskrankheit Melancholie hat mit dem hier beſprochenen Taedium vitae nichts gemein, dieſes iſt ein Merkmal der Lebens= fülle, jenes iſt der Ausdruck des Zuſammenbruches der perſönlichen Lebenskraft. Bleibt der alte Menſch von der Melancholie verſchont, ſo iſt er ſeinem Gefühle nach kein Peſſimiſt. Der alte Koheleth war trotz ſeines „Alles iſt ganz eitel" im Grunde ein Epicuräer. Der alte Schopenhauer war es in gewiſſem Sinne auch. Man wird den Lebensüberdruß der Jugend pſychologiſch nicht vollſtändig erklären können. Es steckt etwas Organiſches darin. Das fühlt ja auch Goethe, der das Phyſiſche bei der Sache dem Arzte überlaſſen will. Wenn nur der Arzt etwas Rechtes wüßte! Das Thatſächliche iſt, daß hervorragende Menſchen nicht ſelten in ihrer Jugend eine Zeit des Lebensüberdruſſes durchzumachen haben und daß, wenn der Selbſtmord vermieden wird, dieſe Stimmung ſpäter von ſelbſt aufhört. Daraus, daß die Sache unter den verſchiedenſten Lebensverhältniſſen im weſentlichen dieſelbe iſt, kann man darauf ſchließen, daß ihre Urſache im Menſchen ſelbſt liegt, daraus, daß ſie beim Durchſchnittsmenſchen fehlt, darauf, daß ſie in innerer Beziehung zu der einſeitigen Gehirnentwickelung ſteht, ein Theil der Abnormität iſt, die das Genie darſtellt, ſozuſagen die ihm eigene Jugendkrankheit.

Die widerwärtige und dumme Lehre, daß die Haupt= ſache für den Menſchen das „Milieu" ſei, iſt natürlich Goethe fremd, trotzdem ſcheint er mir den zufälligen

Umständen zuviel Gewicht beizulegen. Fast an jedem Orte und zu jeder Zeit werden sich Umstände auffinden lassen, die man zu Ursachen des Lebensüberdrusses machen kann. In unserer Zeit könnten z. B. die materialistische Weltauffassung, die politisch-sociale Zerrissenheit, die Ueberfüllung vieler Berufe, die Strenge der Prüfungen und vieles andere angeschuldigt werden. In den alten Zeiten konnten die Kriegsnöthe, der harte Druck der Herrschaft, die religiösen Verfolgungen dieselbe Rolle spielen u. s. f. Das Wesentliche ist eben das, daß der normale Mensch in guten und in schlechten Zeiten am Leben festhält, daß die erste Bedingung des Taedium vitae in des Menschen Innerem, in einer mitgebrachten abnormen Beschaffenheit liegt. Alle von Goethe betonten Umstände sind nur Gelegenheitursachen. Der Einfluß der englischen Literatur war doch vielfältig. Goethe selbst sagte später, daß Goldsmith und Sterne gerade im Hauptpunkte der Entwickelung durch hohe wohlwollende Ironie, Billigkeit und Sanftmuth bei allem Wechsel ihn aufs löblichste erzogen haben. Gewiß haben Hamlet und Ossian die ihnen zugeschriebene Bedeutung gehabt, aber dafür haben wir unsere pessimistische Literatur. Das bürgerliche Leben ist in gewissem Sinne immer langweilig. Dafür, daß in Goethes Jugendzeit seine Bedingungen besonders drückend gewesen wären, liegt gar kein Beweis vor. Im Gegentheile war es eigentlich eine heitere, freundliche, hoffnungsfreudige Zeit, in der die Gegensätze mehr als sonst gemildert waren und jedem Tüchtigen der Weg offen war. Goethe erkennt dies ja an andern Orten

ausdrücklich an. Niemand ahnte damals die Unmaffe
des Haffes, die Widerwärtigkeit des politischen Treibens
in unserer Zeit.

Aber auch die von Bielschowsky herangezogenen
persönlichen Verhältniffe Goethes scheinen mir hier nicht
in Betracht zu kommen. Die häuslichen Spannungen
nahm Goethe offenbar nicht allzu ernst; die Zukunft
eines Frankfurter Rechtsanwaltes mochte ihn nicht locken,
aber er war ja nicht gebunden; von Unbefriedigung in
seinen künstlerischen Bestrebungen kann man am Beginne
der Laufbahn nicht reden. Die einzige stichhaltige Ge-
legenheitursache ist die hoffnungslose Neigung zu Lotten.
Jedoch Goethe selbst nennt sie, sowohl wenn er von sich,
als wenn er von Werther spricht, nur als eins unter
anderen. Mit den Faustgefühlen hat es ja seine Richtig-
keit, aber sie sind Symptom, nicht Ursache.

Etwas auffallend ist, daß in den Briefen aus der
Jugendzeit die pessimistischen Gedanken und der Lebensüberdruß sich viel weniger bemerklich machen, als bei
der retrospectiven Betrachtung. Abgesehen von der Er-
wähnung der „hängerlichen Gedanken" auf dem Canapé
kommt eigentlich nur eine Stelle aus einem Briefe an
Kestner in Betracht: „Werther muß — muß sein! —
Ihr fühlt ihn nicht, ihr fühlt nur m i c h und e u c h, und
was ihr angeklebt heißt — und trutz euch — und anderen — e i n g e w o b e n ist — Wenn ich noch lebe, so bist
du's, dem ich's danke, bist also nicht Albert — Und also —"
Man muß wohl annehmen, daß der junge Goethe seine
Verstimmung mit richtigem Gefühle geheim gehalten habe

und daß es sich nicht um eine dauernde Verstimmung gehandelt habe, sondern um Anfälle von Mißmuth, zwischen denen alle anderen Stimmungen Platz hatten. In Erinnerung an den Kaiser Otho wählte Goethe einen scharfen Dolch aus und versuchte vor dem Einschlafen, ob er die Willenskraft habe, ihn langsam in die Brust einzusenken. Wie oft er es gethan hat, sagt er nicht. „Da dieses aber niemals gelingen wollte, so lachte ich mich zuletzt selbst aus, warf alle hypochondrischen Fratzen hinweg und beschloß zu leben." Bekanntlich sieht Goethe in dem Niederschreiben des Werther, den er nach langer innerer Vorbereitung in vier Wochen „ziemlich unbewußt, einem Nachtwandler ähnlich" abgefaßt hat, die endgültige Katharsis von Pessimismus und Taedium vitae. Das ist gewiß ebenso richtig wie das, daß Goethe im Werther einen Höhepunkt seines dichterischen Schaffens erreicht hat, daß das ergreifendste Geschenk seiner Muse eben aus der krankhaften Verstimmung heraus gegeben wurde.

Mit der Wertherstimmung war das geistige Fieber nicht erloschen, das das Aufblühen des Dichtergeistes begleitete. Langsam nahm dieses in den nächsten Jahren ab. Immer von neuem flackerte es auf. Die Liebe zu Lili und die aus ihr erwachsenden Aufregungen steigerten die Unruhe. Aber allmählich glätten sich die Wogen, immer stetiger wird ihr Schlag und an die Stelle des Brodelns und Rasens tritt das majestätische Rollen der oceanischen Wellen. Goethe selbst empfand diese Beruhigung als Wohlthat. Wie alle Einwirkungen auf den Erregten die Erregung steigern, so sucht der beruhigte

Geist das ihm Gemäße auf. Dann glaubt man wohl,
der äußeren Einwirkung die Beruhigung zuschreiben zu
sollen, die eben Ursache davon war, daß diese Einwirkung
möglich wurde. „Wie man zu sagen pflegt, daß kein
Unglück allein komme, so läßt sich auch wohl bemerken,
daß es mit dem Glück ähnlicherweise beschaffen sei, ja
auch mit anderen Umständen, die sich auf eine harmonische Weise um uns versammeln; es sey nun, daß ein
Schicksal dergleichen auf uns lege, oder daß der Mensch
die Kraft habe, das was zusammengehört, an sich heranzuziehen. Wenigstens machte ich diesmal die Erfahrung,
das alles übereinstimmte, um einen äußeren und inneren
Frieden hervorzubringen." Aus Spinoza wehte ihn
Friedensluft an. Er empfand sich dabei als ein Stück
der nach festen Gesetzen lebenden Natur. Besonders
aber erschien ihm die dichterische Thätigkeit als eine in
ihm waltende Naturkraft. Goethe schildert hier in bemerkenswerther Weise, wie zu jener Zeit seine Gedichte
ihm sozusagen ohne sein Zuthun, fertig vom Unbewußten
geliefert wurden. „Aber am freudigsten und reichlichsten
trat sie [die Ausübung der Dichtergabe] unwillkürlich, ja
wider Willen hervor." Man könnte also von einem
„Zwangsdichten" sprechen. Beim Erwachen in der Nacht
fiel ihm ein Liedchen ein, und um es nicht wieder zu
verlieren, rannte er an den Pult und schrieb, ohne nur
den Bogen gerade zu rücken, das Gedicht von Anfang
zu Ende in der Diagonale herunter. „In eben diesem
Sinne griff ich weit lieber zu dem Bleistift, welcher
williger die Züge hergab: denn es war mir einigemal

begegnet, daß das Schnarren und Spritzen der Feder mich aus meinem nachtwandlerischen Dichten aufweckte, mich zerstreute, und ein kleines Product in der Geburt erstickte." Scherzend fügt Goethe hinzu, er habe für solche Poesien besondere Ehrfurcht gehabt, weil er sich zu ihnen verhalten habe, wie die Henne zu den ausgebrüteten Küchlein. Schopenhauer sagt, im Traume seien wir alle große Dichter, und umgekehrt kann man sagen, der wirklich große Dichter träumt dichtend im Wachen. Es ist ersichtlich, daß nahe Beziehungen zwischen diesem Zustande und dem hypnotischen bestehen, daß Goethes Ausdruck „nachtwandlerisch" eine Wahrheit ausdrückt, die noch über seine Absicht hinausreicht.

3. In der Zeit der Erregung war Goethes Innere ausgereift. Das Krankhafte war unentbehrlich zur schönsten Entwickelung, der Dichter mußte, um das ihm gesteckte Ziel zu erreichen, wie die Liebenden in der Zauberflöte, durch Feuer und durch Wasser gehen. Hätte er die Prüfung nicht überstanden, so wäre Tod oder geistiges Verdorren sein Loos gewesen, wie auf einer niedrigeren Stufe das Schicksal Lenzens es darthut. Er aber hat glorreich überwunden. Aus dem Ueberdrusse gelangte er zu bewußter Lebensfreude, liebte das Leben im Guten und im Bösen wegen des Glückes, das die Thätigkeit gewährt. Das schweifende Verlangen wich der Selbstbeherrschung und der Entsagung. Zu Eckermann sagte der Greis: „Die Hauptsache ist, man lerne sich selbst beherrschen. Wollte ich mich ungehindert gehen lassen, so läge es wohl in mir, mich selbst und meine Umgebung

zu Grunde zu richten." Die dunkeln Mächte waren besiegt, aber sie waren natürlich noch vorhanden und Goethe mag noch manchen Kampf bestanden haben, wie er denn auf die wiederholte Wiederherstellung seiner Existenz aus sittlichem Schutte mehrfach hindeutet. Daß dieser Ausdruck etwas hyperbolisch sei, dürfen wir wohl annehmen, und sicher ist, daß soweit unsere Kenntniß reicht, der Mann Goethe uns jederzeit als fest und klar erscheint, auch in den Zeiten der Erregung.

Die fortschreitende Ernüchterung, Vertiefung und Ausweitung des Dichtergeistes während des ersten Weimarischen Aufenthaltes schildert am eingehendsten und trotz gewisser formeller Schwierigkeiten vortrefflich Schöll in seinem Aufsatze über Goethe als Staats- und Geschäftsmann. Nach allgemeiner Auffassung hat Goethe bei Schilderung des Orest an sich gedacht. Nach der Rückkehr aus der Schweiz, im Jahre 1775, schreibt er an die Karschin: „Vielleicht peitscht mich bald die unsichtbare Geißel der Eumeniden wieder aus meinem Vaterland." Als er die „Iphigenie" niederschrieb, mag er bei Orest an seine eigene Unruhe, an die schroffen Schwankungen seiner Stimmung (an Gewissensbisse wohl nicht) gedacht haben, bei Iphigenie an den beruhigenden, klärenden, erhebenden Einfluß der Frau von Stein. In dieser sah er damals den Engel, der ihn zu den Gefilden des inneren Friedens führen sollte. Das, was ihn in diesem, wie im Umgange mit Weibern überhaupt förderte, war wohl weniger die weibliche Thätigkeit als sein eigenes Thun, das aber nach seiner Eigenart eines weiblichen

Objectes bedurfte. Dieses Thun, die Arbeit am Herzog und am Staat und die Naturbetrachtung waren die wichtigsten Förderungen seiner Entwickelung. Man muß anerkennen, daß die äußeren Bedingungen außerordentlich günstig waren, die Hauptsache bleibt aber doch die dem Individuum Goethe eigene Entwickelung aus inneren Gesetzen. Gewiß kann die Rose ohne Sonne und Regen nicht blühen, aber die Rosen entfalten sich doch nur auf einem Rosenstrauche.

In Goethes Mannesalter erscheint zunächst das Pathologische als minimal. Seine Leidenschaftlichkeit bleibt zwar und führt gelegentlich zu Ausbrüchen, aber sie herrscht nicht. Für uns ist die Leichtigkeit, mit der auch der Mann Goethe weint, recht auffallend. Beim Nachdenken über Wilhelm Meister z. B. weint Goethe „bitterlich", über den 5. Act der Iphigenie weint er „wie ein Kind". Nun ist die Neigung zum Weinen nicht Goethe allein, sondern vielen seiner Zeitgenossen eigen. Ich muß gestehen, daß ich diese Thatsache nicht recht verstehe. Das Weinen ist doch nicht eine Sache des Willens und kann doch nicht von der Mode abhängen. Wie kommt es, daß vor 100 Jahren Männer bei Gelegenheiten weinten, bei denen jetzt auch der Weichmüthigste keine Thräne vergießt?

Sieht man jedoch genauer zu, so findet man, daß der klare ruhige Mann Goethe eigenthümlichen Schwankungen von Zeit zu Zeit unterworfen war, die man als Wiederkehr der jugendlichen Erregung bezeichnen kann. Daß in der dichterischen Erregung etwas Pathologisches stecke,

oder doch, daß sie mit pathologischen Zuständen verwandt
sei, ihnen parallel gehe, das ergiebt sich auch aus ihrem
periodischen Charakter. Der periodische Charakter überhaupt ist vielen Lebensvorgängen eigen und dies hängt
offenbar mit den periodischen Vorgängen im Leben der
Erde, d. h. dem Wechsel der Tages-,Monat- und Jahreszeiten zusammen. Aber das Periodische ist auch im Pathologischen wichtig, sowohl im mehr körperlichen Gebiete
(z. B. denke man an die Anfälle von Migräne, von Epilepsie), als auch im seelischen. Gerade die leichteren, man
könnte auch sagen feineren, höherstehenden Formen geistiger
Störungen treten vorwiegend periodisch auf, oder richtiger
intermittirend, denn von einer regelmäßigen Wiederkehr ist
nur bei der Minderzahl die Rede. Man spricht von einer
Folie circulaire, bei der sich Zeiten der Erregung und Zeiten
der Depression regelmäßig ablösen. Viel häufiger sind die
unregelmäßig wiederkehrenden Zustände der Erregung
oder der Depression. Hierher gehören nicht nur die in
den Irrenanstalten zu beobachtenden Fälle von periodischer,
rectius intermittirender Manie oder Melancholie, sondern
auch sehr viele Fälle, die man zur Nervosität zu rechnen
pflegt. Die Sache stellt sich dann so dar, daß ein ner-
vöser Mensch von Zeit zu Zeit durch Wochen oder Monate anders als sonst erscheint; bald fühlt er sich traurig
verstimmt, schwach, muthlos, hypochondrisch u. s. f., oder
er ist heiterer, zuversichtlicher, unternehmender, lebhafter,
zu Affecten geneigter als in seinem normalen Zustande.
Der erste Anfall zeigt sich gewöhnlich in der Jugendzeit,
die späteren Anfälle können länger oder kürzer sein,

annähernd regelmäßig, oder in ganz verschiedenen, zuweilen recht großen Abständen wiederkehren, fast immer aber bleibt der Charakter des krankhaften Zustandes derselbe, entweder handelt es sich um Depression, oder um Erregung, oder um eine Combination beider. Der Anfall kommt ohne nachweisbare Ursachen, trotz aller Behandlung und hört, wenn seine Zeit um ist, von selbst auf.

Es ist unverkennbar, daß die Zustände dichterischer Erregung dem eben skizzirten Typus entsprechen. Den ersten Erregungzustand Goethes, der in Frankfurt begann, in Weimar endete, habe ich schon besprochen. Ihm folgte die lange Zeit zunehmender Klarheit und Stille. Inwieweit kürzere Perioden der Erregung eingeschoben sind, das läßt sich schwer beurtheilen, doch ist die Thatsache recht wahrscheinlich. Im Weiteren müssen wir uns an zwei Merkmale halten, die Wiederkehr der „Herzenspoesie" und die erotischer Erregung; beides hängt auf's Engste zusammen. Demnach ist es unverkennbar, daß beim zweiten römischen Aufenthalte eine neue Erregung beginnt und in Weimar eine Zeit lang fortdauert; die schöne Mailänderin u. s. w., Christiane Vulpius; die römischen Elegien und verwandte Gedichte. Unsicherer ist es, ob man die Jahre 1796—97 (Balladen, Hermann und Dorothea) hier zu nennen hat; ein neuer „Dichterfrühling" war es ja, aber auf jeden Fall blieb die Erregung in mäßigen Grenzen und Goethe selbst hatte wohl nicht das Gefühl des Hingerissenseins*). Von 1798—1807

---

*) In einem Gespräche mit Soret sagte Goethe, er habe die Balladen niedergeschrieben, weil Schiller immer etwas für die ist nichts von organischer Erregung zu verspüren, vielmehr deutet die Neigung zum Aesthetisiren, Antikisiren und zur Naturwissenschaft auf eine gewisse Trockenheit hin. Aber 1807—8 tritt eine „Verjüngung" ein: Minchen Herzlieb, Silvia von Ziegesar, Sonnette, Wahlverwandtschaften. Dann ähneln Stimmung und Beschäftigung wieder der Zeit vorher. Erst 1814 kehrt der Frühling zurück und diese Divan-Periode überzeugt uns ganz besonders davon, daß es sich hier nicht um zufälligen Wechsel handelt, daß vielmehr ein organischer Proceß zu Grunde liegt. Die Biographen Goethes suchen die eigenthümliche Veränderung des 65 jährigen Mannes psychologisch zu erklären. Ich will alle ihre Gründe: Anregung durch „Dichtung und Wahrheit" u. s. w., gelten lassen, aber sie reichen nicht aus. Es ist, als ob ein poetischer Springquell sich ergösse, am 21. Juni 1814 schreibt Goethe das erste Divan-Lied, am Ende August sind schon 30 „Gedichte an Hafis" vorhanden. Die Quelle sprudelt fort, am Ende Mai 1815 ist das erste Hundert der Gedichte vollendet. Dann folgt die Liebe zu Marianne von Willemer und in den Suleika-Liedern erreicht Goethe eine neue Höhe. Alle die fröstelnde Poesie im antiken Gewande hat das Volk kalt gelassen, die Lieder aber aus den Zeiten

---

Horen brauchte. Er habe es ungern gethan, da er die Gegenstände längst als angenehme Träume in sich gehegt habe. „Zu anderen Zeiten, fuhr er fort, ging es mir mit meinen Gedichten gänzlich anders. Ich hatte davon vorher durchaus keine Eindrücke und keine Ahnung, sondern sie kamen plötzlich über mich und wollten augenblicklich gemacht sein, sodaß ich sie auf der Stelle instinctmäßig und traumartig niederzuschreiben mich getrieben fühlte."

der Erregung leben heute noch. Goethe selbst fühlte ganz deutlich, daß das Dichten ihn ankam wie ein Fieber, daß er zur gegebenen Zeit dichten mußte, daß nach Ablauf der Erregung die Liederquelle vertrocknet war. Er sagt: „Die Lieder des Divan haben gar kein Verhältniß zu mir. Sowohl was darin orientalisch, als was darin leidenschaftlich ist, hat aufgehört in mir fortzuleben; es ist wie eine abgestreifte Schlangenhaut am Wege liegen geblieben". Verwandte Aeßerungen findet man an verschiedenen Stellen. Zu Eckermann sagt er z. B.: „Als mich vor zehn, zwölf Jahren, in der glücklichen Zeit nach dem Befreiungskriege, die Gedichte des Divan in ihrer Gewalt hatten, war ich productiv genug, um oft in einem Tage zwei bis drei zu machen; und auf freiem Felde, im Wagen oder im Gasthof, es war mir alles gleich. Jetzt, am zweiten Theil meines Faust kann ich nur in den frühen Stunden des Tages arbeiten u. s. w." Es liegt natürlich nahe, zu sagen, ja, die Liebe rief die Lieder hervor; weil Goethe dies und dies Weib kennen lernte, ergoß er seine Gefühle in die Lieder. Indessen trifft der Einwurf nicht das Rechte. Hübsche junge Mädchen und Frauen hat Goethe immer in seiner Nähe gehabt. Aber er verliebte sich nur, wenn die Zeit gekommen war. Dann aber brauchte die Erwählte keine hervorragenden Eigenschaften zu haben. Minchen Herzlieb z. B. scheint so wenig den Erfordernissen entsprochen zu haben, die man bei der Liebe des Dichters annimmt, daß sehr nahe stehende Personen nie an eine Neigung Goethes zu ihr geglaubt haben. Ferner schenkte Goethe gewöhnlich seine Neigung einigen weiblichen Personen; fast alle, die sich seiner Liebe erfreut haben, bilden Gruppen. „Es ist eine sehr angenehme Empfindung, wenn sich eine neue Leidenschaft in uns zu regen anfängt, ehe die alte noch ganz verklungen ist." Lotte Buff und Maximiliane la Roche, Lili und Frau von Stein, die Mailänderin und Christiane, Minchen Herzlieb und Silvia von Ziegesar bilden solche Paare; bei der Stein und bei Christiane erstreckte sich die Neigung über viele Jahre, aber entstanden war das Verhältniß doch in der Erregung. (Geradezu räthselhaft ist es, daß Goethe am 5. März 1830 zu Soret sagen konnte: „Sie [Lili] war in der That die erste, die ich tief und wahrhaft liebte. Auch kann ich sagen, daß sie die letzte gewesen; denn alle kleinen Neigungen, die mich in der Folge meines Lebens berührten, waren, mit jener ersten verglichen, nur leicht und oberflächlich.") Der deutlichste Beweis aber dafür, daß nicht die schon individualisirte Liebe Ursache der poetischen Thätigkeit war, bietet uns die Entstehung des Divan. Unvermuthet fängt die Quelle der Lieder an zu fließen, die Erregung und mit ihr das allgemeine Liebesgefühl ist schon vorhanden, ehe Goethe der Marianne v. Willemer näher tritt; diese wird Object der Liebe, weil Goethe in dichterischer Erregung war, nicht umgekehrt. Wäre er ihr etwa 1811 statt 1814 begegnet, so hätte sie ihn vielleicht kalt gelassen. Die Wiederkehr erregter Zustände bei Goethe kann kaum periodisch genannt werden, aber es ist bemerkenswerth, daß die Dauer des Zustandes in der Regel ungefähr dieselbe ist, an die zwei Jahre. Auch die letzte Liebe des greisen Dichters, die zu Ulrike von Levetzow, der wir die Marienbader Elegie verdanken, scheint etwa 1½ Jahr gedauert zu haben.*) Daß Goethe sich selbst recht gut kannte, geht aus einer Aeußerung gegen Eckermann hervor: "Solche Männer und ihresgleichen sind geniale Naturen, mit denen es eine eigene Bewandtniß hat; sie erleben eine **wiederholte Pubertät**, während andere Leute nur einmal jung sind."

Wenn ich betone, daß wir den Zeiten der Erregung Goethes viel verdanken, so möchte ich doch nicht dahin verstanden werden, als wollte ich die Erzeugnisse seiner ruhigen Zeiten herabsetzen. An den Versen der Jphigenie und des Tasso, an vielen Stücken des späteren Faust, am Wilhelm Meister und an der Biographie wird sich jeder Gebildete erfreuen, ja erbauen, aber das Elementarische, das Hinreißende, das Jeden auf unerklärliche Weise Ergreifende, das kommt fast nur den Erzeugnissen der dichterischen Entzündung zu: das Patho-

---

*) Ich möchte auch auf eine bemerkenswerthe Stelle im Berichte des Dr. Vogel (über Goethes letzte Krankheit) hinweisen. Goethe habe in den letzten Jahren darüber geklagt, daß er sich zu Arbeiten, die ihm ehemals ein Spiel gewesen, häufig zwingen müsse. "Nur der Sommer 1831 machte hierin eine Ausnahme, und Goethe versicherte damals oft, er habe sich zur Geistesthätigkeit, zumal in productiver Hinsicht, seit dreißig Jahren nicht so aufgelegt gefunden. Rühmte Goethe seine Productivität, so machte mich das stets besorgt, weil die vermehrte Productivität seines Geistes gewöhnlich mit einer krankhaften Affection seiner productiven Organe endigte. Dies war so sehr in der Ordnung, daß mich schon im Anfange meiner Bekanntschaft mit Goethe dessen Sohn darauf aufmerksam machte, wie, soweit seine Erinnerung reiche, sein Vater nach längerem geistigen Produciren noch jedesmal eine bedeutende Krankheit davon getragen habe."

logische ist Bedingung des Höchsten. Die Inspiration setzt einen veränderten Geisteszustand voraus, der nach Goethes eigener Aussage dem Schlafwandeln verwandt ist. Die Willkür kann zu bewunderungswürdiger Schönheit führen, aber das dämonisch Schöne entsteht unbewußt.

Was ich im Einzelnen über die Perioden der Erregung gesagt habe, bedarf vielleicht mancher Abänderungen. Das Wesentliche aber, daß in Goethes Leben ein nicht durch äußere Umstände erklärbarer Wechsel zwischen ruhigen und erregten Zeiten stattfindet und daß die wichtigsten Productionen an die letzteren gebunden sind, ist nicht abzuleugnen. Der Einwurf, es handle sich dabei nur um „Stimmungen", will gar nichts besagen. Ein solcher Stimmungswechsel ist eben pathologisch. Die Stimmung des Normalmenschen muß eine dem Lebensalter folgende sanfte Curve darstellen, zeigt die Curve schroffe Schwankungen, so deutet sie auf das Pathologische. Es ist ganz dasselbe wie mit der Wärmecurve: auch der normale Mensch hat bestimmte, aber geringe Wärmeschwankungen, wird jedoch eine gewisse Höhe überstiegen, so besteht Fieber, und oft können wir aus mehr oder weniger regelmäßigen Hebungen und Senkungen der Curve ohne weiteres die Art des krankhaften Processes erkennen.

Außer den bisher besprochenen Zeiten der Erregung mit vermehrter Productivität finden wir in Goethes Leben einen fortwährenden Wechsel der Stimmung; Zeiten der Verstimmung wechseln unregelmäßig mit Heiterkeit, tiefgehendes Mißbehagen folgt auf Zeiten frischer Kraft. Dünter hat in seinem Leben Goethes diese Dinge sehr gewissenhaft verzeichnet.

Das Gebiet des Pathologischen wird auch bei der Lehre von den zwei Seelen betreten. Der Ausdruck selbst stammt von Goethe und an sich hat er bei ihm gedacht. Er selbst ist Faust und Mephistopheles zugleich, Erregung und Kritik zugleich. Sehr gut schildert Herman Grimm dieses Grundlebensfactum (wie er sich ausdrückt). „Soviel wir wissen, hat Goethe niemals etwas erlebt, das ihn vollständig hingenommen hätte. Und wenn er aufs Leidenschaftlichste erregt scheint, es bleibt ihm stets die Kraft übrig, sich im Momente selbst zu kritisiren, Erlebniß und nachfolgende Reflexion muß bei ihm stets unterschieden werden. Wenn Goethe an Frau von Stein schreibt, getrennt von ihr, einsam, die Feder in der Hand, empfindet er heftiger als neben ihr. Erst indem er reflectirt, kommt die volle Leidenschaft zum Ausbruche. Wir haben gesehen, wie sein Verhältniß zu Lotte erst dann verständlich wird, wenn wir all seine Leidenschaft in die Stunden verlegen, wo er nicht bei ihr ist." Wenn jemand im Stande ist, jederzeit sich selbst zu beobachten, so ist er einerseits sehr zum „Seelenmaler" geeignet, andererseits aber nicht normal. Der natürliche Mensch ist bei seinen Hauptangelegenheiten „mit ganzer Seele", er giebt sich hin. Die andauernde Kritik entspricht einer Hypertrophie des Denkens und gehört zur Nervosität. Ich habe nervöse Leute gekannt, die sich in der Brautnacht scharf beobachtet hatten und geneigt waren, gerade im Momente größter Erregung Betrachtungen anzustellen, die beim Tode der nächsten Verwandten neugierig auf ihre Empfindungen waren. Dem Gesunden ist so etwas geradezu unheimlich, er fühlt, daß das nicht mit rechten Dingen zugeht. „In jede Gesellschaft begleitete ihn Mephisto, bei jedem Buche las er, ihm über die Schulter sehend, mit." Jeder höherstehende Mensch wird etwas wissen, von der Spaltung seiner Persönlichkeit in das Positive, Thätige und das Negative, Kritische, aber normal ist die Spaltung nicht; Höherstehen und Pathologischsein gehören zusammen.

3. Auf die körperlichen Krankheiten, die Goethe in der zweiten Hälfte seines Lebens durchmachte, brauche ich nicht näher einzugehen. Sie hingen mit seinem geistigen Zustande kaum zusammen, beeinflußten diesen, wie es scheint nicht. Eine Ausnahme macht nur der Blutsturz im November 1830 insofern, als an ihm der Schmerz über den Tod des Sohnes mitschuldig war.

Goethe ist recht viel krank gewesen. Im Jahre 1780 machte er eine schwere Influenza durch. Später handelte es sich theils um Erkältungskrankheiten [bes. Angina], theils um Nierenkoliken (so wenigstens nahm man an). Besonders in den ersten Monaten des Jahres 1805 waren die Anfälle der Nierenkolik heftig und häufig, sodaß im Februar der Arzt höchst bedenklich war. Im Jahre 1801 hatte Goethe auch eine „Blatter-Rose", richtiger wohl ein Erysipelas faciei et capitis, das ihn in Lebensgefahr brachte, zu überstehen. Er muß dabei stark benommen gewesen sein, da die Erinnerung für 9 Tage unklar blieb. In Eckermanns Gesprächen sagt Riemer: „Aber ich erinnere mich, daß Sie [Goethe] im erften Jahre nach meiner Ankunft schwer krank waren und in Ihrem Phantafiren mit einemmale die schönften Verfe über denfelbigen Gegenftand [die Höllenfahrt Chrifti] recitirten. Es waren dies ohne Zweifel Erinnerungen aus jenem Gedicht Ihrer frühen Jugend". Riemer foll 1803 Hauslehrer bei Goethe geworden fein, man verfteht demnach die Zeitbeftimmung nicht recht, da 1804 eine fchwere Krankheit Goethe nicht betraf. Es muß fich um die Krankheit von 1801 handeln. Diefe befchreibt auch Frau von Stein. Man wird aber ihren Bericht mit einiger Vorficht aufnehmen, wie es bei Berichten von Damen über Beobachtetes immer fein muß. Am 12. Jan. 1801 fchreibt fie: „Es ift ein Krampfhuften und zugleich die Blatterrofe; er kann in kein Bett und muß immer in einer ftehenden Stellung erhalten werden; fonft will er erfticken. Der Hals ift verfchwollen, fo wie das Geficht, und voller Blafen inwendig; fein linkes Auge ift ihm wie eine große Nuß herausgetreten und läuft Blut und Materie heraus; oft phantafirt er, man fürchtete eine Entzündung im Gehirn, ließ ihm zur Ader, gab ihm Senffußbäder, darauf bekam er gefchwollene Füße und fchien etwas beffer." Am 14. fchreibt fie: „Mit Goethe geht es beffer; doch muß der 21. Tag vorüber fein, bis dahin könnte ihm noch etwas zuftoßen, weil ihm die Entzündung etwas am Kopf und am Zwergfell gefchadet hat. Geftern hat er mit großem Appetit Suppe gegeffen, die ich ihm gefchickt habe. Mit feinem Auge foll es auch beffer gehen; nur ift er fehr traurig und soll 3 Stunden geweint haben; besonders weint er, wenn er den August sieht."

Am 17. Februar 1823 war Goethe von „einer Entzündung des Herzbeutels" befallen worden. Es heißt: „Am 17. Februar befiel ihn eine Entzündung des Herzbeutels, und wahrscheinlich auch eines Theils des Herzens, wozu sich noch eine Entzündung der Pleura gesellte, die ihn im Verlaufe der nächsten Woche an den Rand des Grabes brachte. Der 24. Februar war der Tag der Entscheidung." Die Aerzte befürchteten das Schlimmste. Er selbst sagte zu ihnen am 25.: „Probiert nur immer, der Tod steht in allen Ecken und breitet die Arme nach mir aus, aber laßt Euch nicht stören." Am Tage darauf trat die Besserung ein. Goethe erholte sich sehr rasch, scherzte mit den Aerzten und pries die Wirkungen des Arnica-Extractes. Am 26. Februar schrieb der Sohn: „Wir hoffen, die starke und gute Natur des Vaters, welche ihn in seinem hohen Alter diese bedeutende Krankheit überstehen ließ, werde auch die etwaigen Folgen (Wassersucht, wovon sich bedenkliche Vorboten zeigten) überwinden helfen." Inwieweit die Diagnose gerechtfertigt war, das muß man dahingestellt sein lassen. Das Gleiche gilt von einem im December des gleichen Jahres auftretenden „Brustfieber". Im November erkrankte Goethe an einem quälenden Husten, der ihm das Reden erschwerte und mit Schmerzen in der Herzgegend verbunden war. In der 2. Hälfte des Monats wurde der Zustand schlechter, man befürchtete „Brustwassersucht". Goethe erholte sich auch diesmal rasch, „seine Genesung sozusagen befehligend." Am 14. December war er ganz munter. Nach dieser Krankheit (vielleicht handelte es sich beidemale um linkseitige Pleuritis) erschien Goethe als deutlich gealtert. Er blieb seitdem viel zu Haus, verließ oft lange sein Zimmer nicht und war gegen die Schwankungen der Witterung sehr empfindlich. Auch Verdauungsbeschwerden machten ihm oft Noth. Er sagte zu Eckermann: „Es ist unglaublich, wie viel der Geist zur Erhaltung des Körpers vermag. Ich leide oft an Beschwerden des Unterleibes, allein der geistige Wille und die Kräfte des oberen Theils halten mich im Gange. Der Geist muß nur dem Körper nicht nachgeben! So arbeite ich bei hohem Barometerstande leichter als bei tiefem; da ich nun dieses weiß, so suche ich bei tiefem Barometer durch größere Anstrengung die nachtheilige Einwirkung aufzuheben und es gelingt mir." Dr. Vogel bestätigt die Häufigkeit der Verdauungstörungen und meint, Goethe habe eben oft zu viel gegessen und Diätfehler begangen. Im Jahre 1829 hatte Goethe eine Augenentzündung, die ihn längere Zeit am Lesen hinderte. Die Angabe, daß Vogel „mir nicht gestatten will, vor 4—5 Wochen meine noch immer entzündete Netzhaut in Versuchung zu führen," beruht natürlich auf falscher Auffassung.

Mitte November 1830 erfuhr Goethe, daß sein Sohn in Rom gestorben sei. Er nahm die Nachricht gefaßt entgegen und verschloß den Kummer in sich, sprach kein Wort darüber. Wie er am 10. December an Zelter schreibt, drückte ihn das Außenbleiben des Sohnes heftig und widerwärtig. Er arbeitete mit Gewalt am 4. Bande von Wahrheit und Dichtung. „Soweit nun bracht' ich's in 14 Tagen, und es möchte wohl kein Zweifel sein, daß der unterdrückte Schmerz und eine so gewaltsame Geistesanstrengung jene Explosion, wozu sich der Körper disponirt finden mochte, dürften verursacht haben. Plötzlich, nachdem keine entschiedene Andeutung, noch irgend ein drohendes Symptom vorausging, riß ein Gefäß in der Lunge und der Blutauswurf war so stark, daß das Schlimmste zu erwarten war, daß, wäre nicht gleich und kunstgemäße Hülfe zu erhalten gewesen, hier wohl die ultima linea rerum sich würde hingezogen haben." Auch Eckermann berichtet über diesen Zufall (am 30. November 1830). "Goethe setzte uns vorigen Freitag [den 26. November] in nicht geringe Sorge, indem er in der Nacht von einem heftigen Blutsturz überfallen wurde und den ganzen Tag nicht weit vom Tode war. Er verlor, einen Aderlaß mit eingerechnet [das war offenbar die kunstgemäße Hülfe], sechs Pfund Blut, welches bei seinem achtzigjährigen Alter viel sagen will. Die große Geschicklichkeit seines Arztes, des Hofrath Vogel, verbunden mit seiner unvergleichlichen Natur, haben jedoch auch diesmal gesiegt, sodaß er mit raschen Schritten seiner Genesung entgegengeht, schon wieder den besten Appetit zeigt und auch die ganze Nacht wieder schläft."

Die Angabe, daß Goethe sechs Pfund Blut verloren habe, dürfte übertrieben sein, denn das ginge an die Grenze der Verblutung und die rasche Erholung des Greises würde nicht verständlich sein. Blutverluste werden gewöhnlich überschätzt, theils wegen der Aufregung der Leute, theils wegen der starken Färbekraft des Blutes, die Wasser und etwas Blut in einem Gefäße als reines

Blut erscheinen läßt. Vogel sagt denn auch nur, bei dem "Lungenblutsturze" seien etwa 2 Pfund Blut durch Aderlässe entzogen worden, "nachdem schon zuvor das bis zum Ersticken stromweise aus den geborstenen, bedeutenden Blutgefäßen durch den Mund fließende Blut ein tiefes und weites Waschbecken halb angefüllt hatte." Vor dem Aderlasse habe der Puls nur 50 mal in der Minute geschlagen und "eine wahre Holzhärte" gezeigt.

Woher kam das Blut? Wir stehen hier wieder vor ähnlichen Schwierigkeiten wie bei der Leipziger Blutung. Es kann sich, wie damals schon bemerkt wurde, um eine Blutung aus dem alten Krankheit-Herde in der Lunge handeln. Unmöglich ist auch diesmal die Annahme von Varicen der Speiseröhre nicht. In beiden Fällen würden beide Blutungen ursächlich verknüpft sein. Daß ein altes Magengeschwür, oder dessen Narbe zu einer neuen Blutung Anlaß gäbe, ist nicht recht wahrscheinlich bei der Länge der Zwischenzeit und bei der Angabe, daß der Appetit sofort wieder vortrefflich gewesen sei.

Daß die Aufregung und die Blutung zufällig zusammengetroffen seien, wird man nicht annehmen dürfen, vielmehr scheint Goethes Ansicht über den Zusammenhang ganz zutreffend zu sein. Wir sehen hier wieder, wie mächtig Gemüthsbewegungen auf Goethe wirkten, und verstehen seine Angst vor traurigen Nachrichten und Eindrücken überhaupt. Andererseits bewundern wir die Stärke seiner Natur und seines Willens, vermöge der er trotz aller Erschütterungen aufrecht, arbeitkräftig und heiter blieb. Er hat viel durchmachen müssen: Der Tod der Eltern

ist ja das Natürliche, der frühe Tod der Schwester aber
war schmerzlich, mehrere Kinder mußte er früh begraben,
die Frau starb ihm früh und auf grausame Weise, die
jüngeren Freunde, Schiller und der Großherzog, wurden
ihm entrissen, das Aergste aber war Leben und Tod des
Sohnes. „Vorwärts über Gräber!", schrieb er an Zelter.

Bei dem Greise Goethe treten manche Eigenschaften
hervor, die der junge Goethe mit einer gewissen Verwunderung am eigenen Vater bemerkt hatte: die Neigung
zu lehrhaften Gesprächen, eine gewisse pädagogische Hart-
näckigkeit, der Sammeleifer, ein etwas übertrieben steifes,
würdevolles Wesen. Das letztere betrachtete Goethe selbst
als Maske, die er willkürlich vornehme. Aber es steckte
offenbar tiefer, als er selbst meinte. Ueber die letzten
Jahre hat Vogel eingehende Mittheilungen gemacht. Er
nennt von Gebrechen des Alters: Steifheit der Glieder,
Mangel an Gedächtniß für die nächste Vergangenheit,
zuweilen beobachtete Unfähigkeit, das Gegebene in jedem
Augenblicke mit Klarheit schnell zu übersehen, Schwer-
hörigkeit. Gesicht, Geruch, Geschmack und Gefühl seien
bis zum Tode sehr fein und scharf geblieben. Goethe
hatte nie Kopfschmerzen, er erfreute sich eines guten
Schlafes. Gewöhnlich schlummerte er den Tag über
einigemal auf kurze Zeit und dann abends von 9 Uhr,
an, ohne leicht vor fünf Uhr wieder munter zu werden.
Habe er den Kopf voll gehabt, so sei er zuweilen nachts
erwacht und habe dann seinen Gedanken nachgehangen.
Schlechter Schlaf ohne solche Veranlassung habe ihn un-
gehalten gemacht und dann habe es sich meist um Stuhlver-

stopfung gehandelt. Von Arzneimitteln habe Goethe das Bilsenkraut-Extract geliebt, weil es ihm erquicklichen Schlaf mit ergötzlichen Träumen verschaffte. Er scheint überhaupt viel medicinirt zu haben. Den häufigen Verdauungstörungen habe man täglich mit Pillen aus Asa foetida, Rharbarber und Jalappenseife, sowie durch Clystire begegnet. Alle Mittel wirkten schon in kleinen Dosen. In den letzten 6 Jahren sei Goethe gesünder gewesen, weil Vogel seinem eigenmächtigen Mediciniren ein Ende gemacht habe. So habe Goethe, weil der Kreuzbrunnen ihm einige male gut bekommen, davon Jahr aus Jahr ein täglich getrunken, im Jahre über 400 Flaschen. In den letzten Lebensjahren seien wegen des Mangels an ausgiebiger Körperbewegung „Vollblütigkeiten, welche starke künstliche Blutentleerungen, Aderlässe, von Zeit zu Zeit dringend erheischten", eingetreten. Als besondere Eigenthümlichkeiten Goethes erwähnt Vogel noch, daß Goethe eingeschlossene Zimmerluft liebte, wie Schiller den Geruch faulender Aepfel, daß er höchst reizbar bei Unordnung in seinem Zimmer war, z. B. es nicht duldete, wenn ein Buch auf dem Tische schief lag, daß er es nicht leiden konnte, wenn ein anderer das Licht putzte.

Auf diese Weise zahlte Goethe dem Alter seinen Zoll. Aber wenn man von diesen kleinen Zügen absieht, ist Goethes Greisenalter die glänzendste Beweis für die ungeheure Stärke seiner Natur. Niemals empfindet man so deutlich, welche Fülle des Lebens in diesem Manne lag, als wenn man die unermüdliche Arbeit, den unersättlichen Lerneifer des klaren und heiteren Greises betrachtet. Er war ein Mensch und mußte alt werden, mußte deshalb die geistige Zeugungskraft verlieren und an Gedanke und Wort ebenso das Alter erkennen lassen wie an Haut und Haar, aber trotz alledem brannte in dem Greise ein Feuer, um das ihn jeder Jüngling beneiden könnte. Goethes Faust ist schlechtweg ein Wunder. Der Urfaust stammt aus der Zeit der Gärung; leidenschaftliche Erregung beherrscht ihn, pessimistische Neigungen, ungestümer Wissensdrang in den ersten Scenen, höchste Poesie in den Gretchen-Scenen. Dem Urfaust verdankt der spätere Faust seine Macht über die Geister, durch ihn wird das Stück zum Führer und zum Ideal der Jugend. Erreichen auch die Theile des Faust, die der reife Mann und dann der Greis Goethe geschrieben hat, die hinreißende Gewalt des Jugend-Faustes nicht, so gehören sie doch zu dem Schönsten, was der Menschengeist hervorgebracht hat. Gerade die Beiträge des Greisenalters sind zum größten Theile unschätzbar durch die vollendete Form einerseits, durch Weisheit und Frömmigkeit andererseits. Wann hat ein achtzigjähriger Mann so etwas geschrieben? Psychologisch genommen muß die Verwunderung über die Leistungen des Greises fast noch größer sein als über die des Jünglings.

4. In unablässigem Arbeiten und Lernen überraschte Goethen der Tod. Am 15. März 1832 zog er sich eine Erkältung zu. Am 16. fand ihn Dr. Vogel „einigermaaßen verstört," er wurde durch die Mattigkeit und Trägheit der sonst immer hellen und raschbewegten Augen betroffen. Der Arzt meldete der Großherzogin,

Goethe leide an einem Katarrhalfieber und das Ganze sei etwas bedenklich. Jedoch befand sich der Patient in den nächsten Tagen viel besser. Goethe pries in einem launigen Sermon den Goldschwefel, der ihm sehr wohl gethan habe. Aber in der Nacht vom 19. auf den 20. März trat ein Anfall von Angina pectoris ein: Schmerz in der Brust, Athemnoth, heftige Angst. Als am Morgen der Arzt gerufen wurde, war der Kranke in großer Unruhe, die Angst trieb ihn in jagender Hast bald in's Bett, bald auf den Lehnstuhl, die Zähne klapperten vor Frost, der Schmerz zwang zum Stöhnen und Schreien, die Gesichtszüge waren verzerrt, das Antlitz aschgrau, die Augen tief eingesunken, trübe, der Blick drückte die gräßlichste Todesangst aus, der ganze Körper triefte von Schweiß, der schnelle härtliche Puls war so rasch, daß er kaum gezählt werden konnte. Nach $1^1/_2$ Stunde trat Erleichterung ein. Nach diesem Anfalle hat Goethe nicht mehr gelitten. Er blieb im Lehnstuhle, war heiter und besonnen. Das gute Befinden dauerte bis zum 21. März, 11 Uhr vormittags. Der Kranke collabirte dann, wie die Aerzte sagen, d. h. er wurde unbesinnlich, die Hände wurden kühl, es trat Schweiß ein, der Puls wurde klein und rasch, es begann in der Brust zu rasseln. Das Sterben dauerte etwa vierundzwanzig Stunden. Goethe saß still im Stuhle, das Haupt nach links geneigt, zuweilen sprach er im Traume, auf Fragen antwortete er mehrmals deutlich. „Er schien von den Beschwerden der Krankheit kaum noch etwas zu empfinden, sonst würde er bei der ihm eigenthümlichen Unfähigkeit, körperliche

Uebel mit Geduld zu ertragen, mindestens durch unwillkürliche Aeußerungen, seine Leiden zu erkennen gegeben haben". Nach Ansicht Vogels hat Goethe kein Vorgefühl des Todes gehabt. Ueber die letzten Stunden giebt Coudray ausführlicher Bericht. Um 9 Uhr früh wurde der Kranke etwas lebhafter, verlangte Wasser mit Wein, richtete sich allein auf, faßte das Glas und trank es aus. Er verlangte Licht, hielt aber dann die Hand vor die Augen, sodaß man ihm seinen Augenschirm aufsetzte. Er rief den Copisten Zahn, ließ sich von ihm und dem Diener aufrichten und fragte stehend nach dem Datum. Als er hörte, es sei der 22. März, sagte er: „Also hat der Frühling begonnen und wir können uns dann um so eher erholen". Dann saß er wieder im Stuhle, hielt die Hand der auf dem Bette sitzenden Schwiegertochter und phantasirte. Er sprach von Farben, von einem Lockenkopfe, verlangte mit der Hand hinweisend eine Mappe. Als ihm der Diener ein Buch reichte, antwortete er: „Nicht das Buch sondern die Mappe", auf des Dieners Bemerkung, es sei keine da: „Nun, so war's wohl ein Gespenst" [d. h. Nachbild, im Sinne der Farbenlehre]. Um 10 Uhr verlangte er zu essen, nahm ein paar Stückchen, trank etwas, bestellte das Mittagsessen und für den Sonnabend [d. 24.] Dr. Vogels Lieblingsgericht. Als er jetzt wieder aufgerichtet wurde, schwankte er hin und her und mußte gleich wieder niedergesetzt werden. Er phantasirte wieder: „Warum hat man Schillers Briefwechsel hier liegen lassen?" Gleich nachher rief er dem Diener: „Macht doch den Fensterladen im Schlafgemach 'auf, damit mehr Licht herein komme." "Dies waren seine letzten vernehmlichen Worte (sagt der damals anwesende Coudray). Abermals einschlummernd, blieb sein Geist in Thätigkeit, denn er fing nun an, mit dem mittleren Finger seiner aufgehobenen rechten Hand in die Luft drei Zeilen zu schreiben, welches er bei sinkender Kraft immer tiefer und zuletzt auf dem seine Schenkel bedeckenden Oberbett öfters wiederholte. Den Anfangsbuchstaben dieser Schrift erkannten wir für ein großes W, im Uebrigen aber vermochten wir nicht die Züge zu deuten." Nach 11 Uhr bemerkte Coudray, daß die Hände blau wurden, die Augen gebrochen waren. Die Athemzüge wurden immer seltener und hörten $1/2$1 Uhr auf. Mit Coudrays Bericht stimmt der Vogels ganz überein. Die letzten Worte hat dieser nicht gehört, da er hinausgegangen war. Auch er hat das W erkannt (nur soll nach ihm Goethe den rechten Zeigefinger benutzt haben) und "Interpunctionszeichen". Alle anders lautenden Berichte scheinen von Ottilie Goethe ausgegangen zu sein und müssen mit der allergrößten Vorsicht aufgenommen werden. Das gilt von dem geheimnißvoll klingenden Rufe "Mehr Licht". Das gilt von den Angaben der Frau von Gustedt. Diese sagt: Das bekannte Wort "Mehr Licht" (?) mag er wohl gesagt haben, klar und deutlich aber sprach er seine letzten Worte: "Nun kommt die Wandlung zu höheren Wandlungen." Frau v. Gustedt, die übrigens eine sehr verständige Dame war, kann das nur von Ottilie haben. Sollte der Satz von der Wandlung nicht durch verwandschaftliche Erregung aus dem in die Luft geschriebenen W herausgedeutet sein? Daß „die Angehörigen" etwas stark erregt waren, geht auch aus den Aussagen der Frau v. Gustedt hervor, sie hätten Trauermusik ohne eine nachweisbare Ursache gehört und in der Zeit nach dem Tode wäre es mittags im Parkgarten nicht geheuer gewesen, man hätte dort „eine spukhafte Stille, die entsetzliches Angstgefühl erzeugte", beobachtet. Frau von Gustedt selbst hat nichts Unheimliches bemerkt. In der Todesanzeige, die Ottilie Goethe versandte und die Holtei mittheilt, heißt es: Goethe sei „nach kurzem Krankseyn am Stickflusse in Folge eines nervös gewordenen Katarrhalfiebers" gestorben. Wir würden sagen, er starb, weil bei der letzten katarrhalischen Erkrankung sein Herz erlahmte.

Die Worte Eckermanns über die Schönheit der Leiche sind bekannt. Auch Vogel spricht sich über Goethes Körper ähnlich aus. Goethe sei stark und wohlgebaut gewesen, habe nur etwas zu kurze Beine gehabt. Die besten Abbildungen seien Rauchs Büste und Stielers Gemälde.[1]) Der Körper sei wohlbeleibt gewesen, die Brust breit und hoch gewölbt, des Hals rund, die Haut zart und weiß mit durchschimmernden Venen, an den Unterschenkeln geringe Varicositäten, das Haupt mit seidenweichem grauen Haar dicht besetzt, die Zähne bis zuletzt wohl erhalten.

---

[1]) Ich habe zwar nicht alle Bildnisse Goethes gesehen, aber viele, und je mehr ich sehe, um so weniger weiß ich, wie Goethe eigentlich ausgesehen hat, denn alle sind verschieden. Es ist ein Jammer, daß die Photographie so spät erfunden worden ist! Da hört man immer von den Vorzügen der „Kunst", die das Porträt ins Ideal erhebt, d. h. auf deutsch: uns eine Mischung des wirklich Gesehenen mit des Künstlers Geist darbietet. Wie gerne wollten wir auf allen Künstlergeist verzichten, wenn wir nur Ein zuverlässiges Bild Goethes hätten!

5. In Goethes Nachkommenschaft erreichte das Pathologische eine furchtbare Höhe. Es sieht aus, als hätten sich die Dämonen das Glück, das Goethe über das gewöhnliche Menschenglück hinaus genossen hatte, durch das Unglück seiner Nachkommen mit Zinsen zurückzahlen lassen.

Schwer krank und unglücklich war Goethes Sohn. Diejenigen, die in Goethe den Normalmenschen sehen, müssen die Quelle des Uebels in der Mutter suchen. Christiane Sophie Vulpius war am 6. Juni 1764 in Weimar geboren als des weimarischen Amtsarchivars Joh. Friedr. Vulpius Tochter. Der Vater soll ein Säufer gewesen und am Alkoholismus gestorben sein. Ueber die Mutter erfahren wir nur, daß sie früh gestorben ist. Christiane war genöthigt, selbst für sich zu sorgen, und arbeitete als Mädchen in der Blumenfabrik Bertuchs. Goethe verband sich mit ihr im Jahre 1788. Sie gebar am 25. December 1789 einen Sohn, August. Es folgten am 14. October 1791 ein todtgeborener Knabe, ein am 24. November 1793 geborenes, am folg. 4. December gestorbenes Mädchen, ein am 1. November 1795 geborener, am 18. November begrabener Knabe, ein am 18. December 1802 nach schwerer Geburt gleich verschiedenes Mädchen. Ueber Christiane erfahren wir, daß sie klein, wohlgebildet und sehr hübsch nach Art eines Bürgermädchens war. Sie war eine außerordentlich tüchtige Hausfrau, gut begabt, nicht ohne geistige Interessen, sehr heiter, muthig, tanzlustig. Sie ist viel geschmäht worden, die Damen von Weimar haben ihr ganzes Gift gegen sie verspritzt und es ist für Christiane das beste Zeugniß,

daß der Weiberhaß, außer der später zu erwähnenden
Neigung zum Trunke, keine groben Fehler an ihr nachweisen konnte. Abgesehen von allen ausdrücklichen Aner-
kennungen ist die Thatsache allein, daß Goethe Christianen
geliebt und verehrt hat, daß er mit herzlicher Neigung
an ihr festgehalten hat, als die sinnliche Erregung längst
vorüber war, Beweis, daß Christiane durch vortreffliche
Eigenschaften ausgezeichnet war. Goethes Mutter, die
am 19. Januar 1795 geschrieben hatte: „küsse den kleinen
August und auch deinen Bettschatz!", war, nachdem sie
Christiane kennen gelernt hatte, ihres Lobes voll. In
ihrem Briefe vom April 1807 heißt es: „Du kannst Gott
danken! so ein liebes, herrliches, unverdorbenes Gottesgeschöpf findet man sehr selten." Daß sie nach ihrer
Verheirathung nicht nur treu und gehorsam wie immer,
sondern auch ebenso bescheiden wie früher blieb, das
verdient alle Hochachtung. Viehoff sagt: „Es wird berichtet, daß bei Christiane die angeerbte Genußsucht stärker
hervorgetreten sei." Sie habe Studenten-Bälle und Bälle
geringerer Bürgerklassen besucht und habe sich einem verderblichen Weingenusse hingegeben. Bei diesen Nachrichten weiß man nicht, wieviel davon Klatsch ist. Sie
tanzte gern, und da die vornehmen Kreise ihr verschlossen
waren, mußte sie eben mit Bürgern und Studenten vor-
lieb nehmen. Auch das kann sie nicht ohne Goethes
Zustimmung gethan haben. Daß sie in ihren späteren
Jahren mehr Wein getrunken hat, als gut war, das
scheint richtig zu sein. Aber Näheres, wann sie damit
angefangen habe und wie weit ihre Neigung gegangen

sei, erfahren wir nicht. Sicher ist wohl, daß sie in ihrer
Jugend nicht trank, daß also zur Zeit von Augusts Geburt kein Alkoholismus bestand. Die Trunksucht ist freilich
erblich, d. h. es wird die Anlage zu „Suchten" überhaupt
ererbt, das leidenschaftliche Verlangen nach dem einmal
liebgewonnenen Genusse und die Unfähigkeit, dem Reize
zu widerstehen. Das Trinken allein macht nicht trunk-
süchtig, wenn nicht diese Anlage vorhanden ist: n'est pas
alcoolique, qui veut, hat Lasègue gesagt. Offenbar hatte
Christiane von ihrem Vater die böse Anlage geerbt und
in dem Alter, in dem Bachus die Venus gern ablöst,
trat wahrscheinlich das Uebel hervor. Christiane starb
früh, mit 52 Jahren. Ueber ihren Tod liegt ein Bericht von Johanna Schopenhauer vor (Brief an E. v.
d. Recke vom 25. Juni 1816), der freilich nicht authen-
tisch ist. „Der Tod der armen Goethe ist der furcht-
barste, den ich je nennen hörte. Allein, unter den Händen
fühlloser Krankenwärterinnen ist sie, fast ohne Pflege gestorben, keine freundliche Hand hat ihr die Augen zuge-
drückt, ihr eigener Sohn ist nicht zu bewegen gewesen
zu ihr zu gehen, und Goethe selbst wagte es nicht . . .
reden konnte sie nicht, sie hatte sich die Zunge durchge-
bissen . . . Ihre Unmäßigkeit in allen Genüssen zu einer
sehr bösen Periode für unser Geschlecht, hatten ihr das
fürchterlichste aller Uebel, die fallende Sucht zugezogen."
Sind diese Angaben richtig, so hat Christiane epileptische
Anfälle gehabt (das „Durchbeißen" der Zunge, das Andere
auf übergroßen Schmerz beziehen, deutet allerdings auf
Epilepsie) und man denkt an Alkohol-Epilepsie. Schon

im Winter 1814—15 wird von „Krampfanfällen" Christianens berichtet; in der Nacht auf den 5. Februar soll sie schon für todt gegolten haben. Freilich könnte es sich auch um sogenannte urämische Anfälle im Verlaufe einer Nierenkrankheit gehandelt haben. Das sei dahingestellt.

Höchst auffallend ist die Sterblichkeit der Kinder Goethes. Sollte sie auf den Alkoholismus der Mutter zu beziehen sein, so müßte diese allerdings recht früh angefangen haben, zu trinken, denn sie war erst 27 Jahre alt, als sie 1791 ein todtes Kind gebar. Mir will die Sache nicht recht einleuchten, wenn ich bedenke, daß die Frau Rath im Jahre 1807 Christiane ein unverdorbenes Gottesgeschöpf nennt, daß in all den Briefen jener Zeit nichts auf Trunksucht deutet. Da Goethe selbst gern reichlich Wein trank, wird er sich gegen Andere in dieser Hinsicht läßlich gezeigt haben, ein betrunkenes Weib aber würde seinen Abscheu erregt haben. Wir kommen in diesen Dingen nicht über Vermuthungen hinaus. Jedoch scheint im Allgemeinen ein Gegensatz zwischen geistiger Productivität und der eigentlichen Reproduction zu bestehen. Wo die eine die Hauptsache ist, da leidet die andere. Beim weiblichen Geschlechte ist die Reproduction das wichtigste Geschäft, die geistige Productivität ist im Allgemeinen fast gleich Null. Wollten wir diese steigern, so würden wir den Zwecken der Natur entgegen arbeiten, wie es die nach „Emancipation" verlangenden Damen thatsächlich thun. Aber auch beim Manne scheint die Fülle der Geisteskinder der natürlichen Vaterschaft abträglich zu sein.

Auch bei dem Sohne Goethes, der heranwuchs, möchte ich die Quelle des Krankhaften nicht allein in der Mutter suchen, sondern ich denke, daß an seinem Elend auch das Genie des Vaters schuld war, nicht nur so, daß der Sohn den Abstand schmerzlich empfand, sondern im physiologischen Sinne.

Es ist recht schwer, von August Goethe sich ein Bild zu machen. Der Knabe scheint sich zunächst sehr gut entwickelt zu haben, er wird schön und begabt genannt. Jedoch scheint er früh zu trinken angefangen zu haben, wenn wir der Frau von Stein glauben dürfen. Sie hatte ihn während Goethes Krankheit im Jahre 1801, also als 12 jährigen Knaben zu sich genommen. „Der hat indessen seine Zuflucht zu mir genommen; aber er ist schon gewohnt, sein Leiden zu vertrinken; neulich hat er in einem Club von der Classe seiner Mutter 17 Gläser Champagner-Wein getrunken, und ich hatte alle Mühe, ihn bei mir vom Wein abzuhalten." Schon im Jahre 1802 wird von der Neigung Augusts zum Sammeln von Münzen berichtet, dem Sammel- und Ordnungsinne, der ihm als väterlich-großväterliches Erbtheil durch sein ganzes Leben treu blieb. Auch die Neigung zum weiblichen Geschlechte soll sich schon früh gezeigt haben. Als August 1808 zur Universität abging, soll er schon eine Geliebte zurückgelassen haben. Später wird von seiner Freundschaft mit Ernst Schiller berichtet, beide sollen ein ausschweifendes Leben geführt haben. Aus den Briefen der früheren Zeit, von August und über ihn, ist wenig zu entnehmen. Genauere Angaben liegen erst über die späteren Jahre

Augusts vor und auch diese lassen manche Lücken. Die äußeren Daten sind, daß August 1812 Assessor wurde, 1817 sich mit Ottilie von Pogwisch verheirathete, mit dieser in unglücklicher Ehe lebte, als Rath der Großherzogl. Kammer arbeitete, den Vater in seinen häuslichen Geschäften und in der Sorge für die Sammlungen unterstützte. Am meisten erfahren wir über ihn von Holtei, dessen Aussagen als zuverlässig erscheinen, wenn auch seine Pragmatik zu wünschen übrig läßt.

Holtei sagt, er habe sich anfänglich durch Augusts schroffes („ich möchte sagen brutales") Wesen zurückgestoßen gefühlt. Später jedoch habe er den guten Kern in ihm erkannt und es sei zu aufrichtiger Freundschaft gekommen. „Als wir es waren [Freunde], verhehlte er mir nicht, daß er oft absichtlich, vorzüglich vor Fremden, darauf ausgehe, als roher Gegner jedes poetischen Treibens zu erscheinen, weil ihm der Gedanke zu fürchterlich sey, für einen Erben zu gelten, der sich bestrebe, Firma und Geschäft des Vaters fortzuführen." „August Goethe war kein gewöhnlicher Mensch; auch in seinen Ausschweifungen lag etwas Energisches; wenn er sich ihnen hingab, schien es weniger aus Schwäche, als vielmehr aus Trotz gegen die ihn umgebenden Formen zu geschehen. Stirn, Auge, Nase waren schön und bedeutend, machten seinen Kopf dem des Vaters ähnlich. Der Mund, mit seinen sinnlich aufgeworfenen Lippen hatte dagegen etwas Gemeines und soll an die Abstammung von weiblicher Seite erinnert haben. Er hielt sich, ging, stand, saß, geberdete sich wie ein feiner Hofmann; seine

graziöſe Haltung blieb ſtets unverändert und auch wenn
er berauſcht war, wenn er tobte, fiel er nie aus dem
Maaße äußerer Schicklichkeit. Er wußte Viel und
Mancherlei, nicht nur, daß er, wenn er einmal in's Arbeiten kam, ein ganz tüchtiger Rath an fürſtlicher Kammer
ſein konnte, trieb er auch Naturwiſſenſchaften in viel-
facher Richtung und hielt namentlich die vom Vater an-
gelegten Sammlungen jeder Gattung in beſter ſcienti-
viſcher Ordnung. Das Münzkabinet hatte er gleichfalls
in ſeinem Verſchluß und wußte genügende hiſtoriſche
Auskunft zu geben." Nachdrücklich betont Holtei Au-
guſts Ordnungsliebe, Reinlichkeit, Sammeltrieb. Im
Stillen freilich ſei er ein eifriger Dichter geweſen. Die
von Holtei gegebenen Proben laſſen das bedauern. Auguſt habe große Vorliebe für Humoriſtiſches gehabt. Er
habe viele Briefe von Auguſt erhalten. „Leider kann ich
von dieſen Briefen wenig oder nichts mittheilen. (Der
Alte drückte ſich gegen mich über jene Briefe, die er
trotz ihrer faſt unglaublichen Tollheit und cyniſchen
Raſerei, ſämmtlich geleſen, mit den Worten aus: Nun,
Ihr evacuirt Euch denn recht gehörig!) Aber mitten
durch die luſtigſten Briefe, durch die jubelndſten Geſpräche
zuckten fortdauernd Blitze des Unmuths, des Verzweifelns
an ſich ſelbſt, des Lebensüberdruſſes, die den traurigen
Zuſtand des Unſeligen beleuchteten." Dreierlei habe
Auguſt zu Grunde gerichtet: 1) das Trinken; er habe
oft ſchon am Morgen maſſenweiſe Wein getrunken,
2) Liebesunglück; er habe auf den Wunſch des Vaters
hin ſeine Geliebte verlaſſen müſſen und dieſe habe ſich

getödtet, 3) die Kränkung, daß man ihn 1813, als das Machtwort des Vaters ihn hinderte, Freiwilliger zu werden, für einen Feigling gehalten habe. „Und so bereitete sich denn in ihm, nach allen Kämpfen und Krämpfen, eine verbissene Wuth, ein bohrender Groll, ein unmächtiger Trotz gegen die Verhätnisse, gegen sein Geschick, ja gegen sein Glück vor." Aus Trotz habe er sich dann der Vergötterung Napoleons gewidmet. Neben dieser Schwärmerei habe ihn besonders der Gedanke besessen, Weimar zu verlassen und eine große Reise anzutreten. Interessant sind Holteis Bemerkungen über das Verhältniß zwischen Vater und Sohn. August habe kein Geheimniß vor seinem Vater gehabt, habe diesen seinen Beichtiger genannt und habe jeden Morgen ihm alles, was ihm am vergangenen Tage begegnet war, rückhaltlos berichtet. Dies sei so weit gegangen, daß August den Auftrag Holteis, in einer Liebesangelegenheit für ihn zu handeln, deshalb zurückgewiesen habe, weil er die Sache auch vor dem Vater geheim halten sollte. Holtei spricht endlich von der „späteren Zeit, wo er schon körperlich und geistig ganz zerrüttet war", ohne sich näher zu erklären. August habe ihn bei dem letzten Zusammensein „mit einem Zutrauen, mit einer oft stürmischen Freundschaft beschenkt, die mir bisweilen Angst einjagten. Der Tod tobte ihm schon in den Adern; seine Heiterkeit war wild und erzwungen, sein Ernst düster und schwer, seine Wehmuth herzzerreißend. Dabei suchte er aber immer eine gewisse Feierlichkeit der Formen zu bewahren, die oft wie eine unbewußte Nachahmung des Vaters erschien und sich deshalb im Gegen-

satz zu sonstigem Thun und Treiben gespenstig aus-
nahm."

Frau von Gustedt ist von Holteis Mittheilungen über
August nicht befriedigt. Jedoch werden diese durch das,
was sie sagt, eigentlich nur bestätigt. Manches wußte
Holtei sicher besser, denn Jenny v. Pappenheim, die nach-
malige Frau von Gustedt, war damals ein junges Mädchen und solche erfahren eben manches nicht. Nach Frau
v. Gustedt war August ein „kluger gutmüthiger Mann",
der durch den Vater erdrückt wurde. Goethe habe seinen
Sohn als Kind zärtlich geliebt, ihn zu sich genommen
und ihm seine eigenen Neigungen beibringen wollen.
Der Knabe wollte lieber mit Altersgenossen verkehren.
Goethe wurde streng und August wandte sich nun zur
Mutter, die ihn verzog, ihm Leckereien und Geld zusteckte,
ihm die Hinterthüre öffnete. August war schön, von
Schmeichlern umgeben, er ließ sich gehen, machte viele
Streiche. Er reimte viel, aber seine Verse waren nicht
gut. Seinem Hauptwunsche, Weimar verlassen zu dürfen,
trat Goethe entgegen. Dieser begünstigte die Verbindung
mit Ottilie von Pogwisch. Obwohl er eine ganze An-
zahl leichtsinniger Verhältnisse hinter sich hatte, liebte
August Ottilien, diese sah in ihm hauptsächlich den Sohn
Goethes und die Ehe wurde sehr unglücklich. August
hatte viel „Kneipereien". Als seine Söhne geboren waren,
liebte er sie innig und war oft auf den Großvater eifer-
süchtig. Ein schöner Zug Augusts war seine Freundes-
treue. Schließlich fühlte er sich krank an Leib und Seele.
„In besonders trüben Momenten sagte er sich: Ich will

nach Rom, um dort zu sterben." Als er abreiste, sei der alte Goethe von bösen Ahnungen überwältigt worden. "Ein Grausen könnte uns erfassen (schließt Fr. v. Gustedt) vor dem Herrscher über uns, wenn wir dies Leben betrachten, denn es scheint uns Schicksal — nicht Schuld."

Nach alledem ist sicher, daß August krank gewesen ist, aber die Art des krankhaften Zustandes ist schwer zu erfassen. Er war Trinker, aber einerseits war sein Alkoholismus von vornherein Ausdruck der Entartung, ging aus Augusts pathologischer Beschaffenheit hervor, andererseits ist zweifellos das von Holtei entworfene Bild nicht durch den Alkoholismus allein zu erklären. Die psychologische Betrachtung mancher Literaturgeschichten stellt alles auf den Kopf; es heißt: August fühlte sich von seinem Vater gedrückt, lebte in unglücklicher Ehe, deshalb trank er, deshalb wurde er krank. Nein, weil er krank war, trank er, fühlte sich vom Vater gedrückt. Wäre die Sache gut gegangen, wäre August ein ruhiger und tüchtiger Mann geworden, so würde es heißen: Des Vaters Name ebnete ihm den Weg, das Glück eines so herrlichen Mannes Sohn zu sein, ließ ihn alles leichter tragen, da seine Begabung ihn auf einen practischen Beruf hinwies, kam der Vergleich zwischen ihm und dem Vater nicht in Betracht u. s. f.

Wir finden bei August Goethes Leidenschaftlichkeit wieder, das ist das Urphänomen. Aber das, was den Vater förderte, stürzte den Sohn ins Verderben. Denn bei ihm kam die von mütterlicher Seite ererbte Anlage zur Trunksucht dazu, die bei der Mutter selbst in Verbindung mit einem glücklichen, heiteren Temperament relativ unschädlich gewesen war. Denn ihm fehlte der hohe Geist des Vaters, er hatte einen guten Durchschnitts-Intellect von der Mutter und dieser glich bei ihm einem schwächlichen Reiter auf einem wilden Pferde. Dies Mißverhältniß seines Wesens ergab die von den Zeitgenossen beobachteten Eigenschaften: Heftigkeit, Unstetigkeit, Liederlichkeit, düstern Mißmuth, hohle Rhetorik, stürmische erfolglose Anläufe einerseits, Gutherzigkeit, aufrichtiges Streben, tüchtige Kenntnisse andererseits. Im Laufe der Jahre machten sich natürlich die Wirkungen des Trinkens mehr und mehr geltend. Auf die Krankhaftigkeit der trunksüchtigen Ausschweifungen weist besonders ihr intermittirendes Auftreten hin. Aber es klingt, als sollte noch etwas Besonderes angedeutet werden, wenn Holtei theatralisch sagt: Der Tod tobte ihm schon in den Adern, wenn Frau von Gustedt ihn krank an Leib und Seele nennt, wenn Johanna Schopenhauer meint, daß Augusts Zustand die Meisten seine Rückkehr weder hoffen noch wünschen ließ, wenn der alte Goethe gesagt hat: „Als er fort ging, gab ich ihn schon verloren" (zu dem Kanzler nach Joh. Schopenhauer). Es taucht der Gedanke auf, ob etwa August in seinen letzten Jahren an beginnender progressiver Paralyse gelitten habe, aber freilich fehlt es an allen Mitteln, die Vermuthung zu begründen. Man muß die Sache auf sich beruhen lassen.

Auch Augusts Tod deckt noch ein gewisses Dunkel und es ist fraglich, ob es gelingen wird, durch Veröffentlichung noch verborgener Actenstücke alles klar zu machen. August reiste bekanntlich mit Eckermann, sie scheinen nicht

gut mit einander ausgekommen zu sein, Eckermann kehrte
in Genua um. Ueber die Zeit der Reise liegen nur des
alten Goethe briefliche Aussagen vor, die ziemlich gleich-
lautend in den Briefen an Zelter und an den römischen
Kestner gegeben werden. Die Tagebücher Augusts waren
wegen dessen „immer hervorstechender Individualität in
ihrer eigensten Energie und Entschiedenheit" nicht mitzutheilen und sind auch jetzt noch unbekannt. Goethe,
der am 28. März 1830 zu dem Kanzler gesagt hatte:
„mein Sohn wird in Italien seine eigenen Wege gehen,
das Lumpenpack kümmert sich viel um die Väter", beginnt seinen Bericht so: „Mein Sohn reiste um zu genesen. Seine ersten Briefe von jenseits waren höchst
tröstlich und erfreulich." Was heißt das „um zu genesen"?
Körperlich war August nicht krank, denn er that alles,
was ein Reisender thut, ging, fuhr, besuchte Theater u. s. w.
Also muß es sich um eine geistige Krankheit gehandelt
haben. Auf dem Wege von Genua nach Spezzia sei
August gestürzt, habe das Schlüsselbein gebrochen, habe
dann vier Wochen liegen müssen und dabei an einer
Hautkrankheit gelitten, die bei der Hitze sehr beschwerlich
war. Vielleicht hat es sich um Hitzefriesel gehandelt und
vielleicht liegt in dieser Hautkrankheit der Keim der Sage
von dem tödtlichen Scharlachfieber. August „übertrug
dieses Uebel mit männlich gutem Humor" und sandte in
der Folge musterhafte Tagebücher. Er sei über Florenz
nach Livorno gegangen und von da mit dem Dampf-
schiffe nach Neapel gefahren. „Seine Briefe von dorther
wollten mir jedoch, wie ich gestehen muß, nicht recht ge-

fallen; sie deuteten auf eine gewisse Hast, auf eine krankhafte Exaltation." In Pompeji sei er heiter, ja lustig-
lebendig gewesen. „Eine Schnellfahrt nach Rom konnte
die schon sehr aufgeregte Natur nicht besänftigen; die
ehren- und liebevolle Aufnahme der dortigen deutschen
Männer und bedeutenden Künstler scheint er auch nur
mit einer fieberhaften Hast genossen zu haben. Nach
wenigen Tagen schlug er den Weg ein, um an der Py-
ramide des Cestius auszuruhen, an der Stelle, wohin
sein Vater, vor seiner Geburt, sich dichterisch zu sehnen
geneigt war." Wenn jemand, der nichts weiter weiß,
diesen Bericht Goethes unbefangen liest, so muß sich ihm
der Gedanke aufdrängen: hier wird von einem Selbstmorde erzählt. Die Betonung der krankhaften Erregung,
die Wahl eines activen Wortes (er schlug den Weg ein),
das Geheimnißvolle des Ganzen zwingen zu dieser
Deutung. Natürlich kann man sich irren, aber ich möchte
doch glauben, daß Goethe, als er jenes schrieb, den Tod
seines Sohnes für freiwillig gehalten habe und an die
anders lautenden Berichte nicht geglaubt habe. Ueber
den Tod selbst hat der römische Kestner berichtet, von
dessen Briefen ich aber nur Bruchstücke kennen gelernt
habe. Am Freitag sei Kestner mit August bei Thor-
waldsen gewesen, am Sonnabend habe er ihn und Preller
zu Tische bei sich gehabt, am Sonntage und Montage
seien sie zusammen in Albano und Frascati gewesen.
Auf diesem Ausfluge wurde der Gast krank, nach der
Rückkehr mußte er das Lager suchen. Dienstag schien
die Krankheit unbedeutend, in der Nacht auf den Mitt-

woch trat der Tod ein. „Von zwei treuen Freunden
und Landsleuten bewacht, deren Einer der treffliche
Preller war", habe Kestner August am Abende des
26. October verlassen. „Um zwei Uhr nach Mitternacht
hörten die Wachenden einen tiefen Athemzug, und als
sie ihn aufrichten wollten, war er ohne allen Kampf
hinübergegangen."

Etwas anders lautet der Bericht in einem Aufsatze
Schröers, auf Grund der Angaben Prellers. August
sei auf dem Ausfluge von einem Fieber befallen worden,
nachdem er sich auffallend theilnahmelos gezeigt hatte.
Sie seien am Montage zurückgekehrt. In der 2. Nacht
sei August aufgesprungen, habe Preller umklammert, so
daß dieser erdrückt zu werden fürchtete. Preller und der
Maler Rudolf Meier haben ihn mit Mühe in das Bett
gebracht, dann habe August einen tiefen Athemzug gethan
und sei verschieden. Der Arzt habe erklärt, August sei
an einer zurückgetretenen Hautkrankheit durch Gehirnschlag
gestorben. Preller erkrankte in den ersten Tagen des
November an den Pocken, man vermuthete daher, er sei
durch August angesteckt worden. Demnach müßte doch
auch August an den Pocken krank gewesen sein. Aber
die Ansteckung ist gar nicht erwiesen, auch wäre die Zeit
der Incubation etwas zu kurz.[1]) Die Erzählung, daß

---

[1]) Nach einer privaten Mittheilung bestätigt die Witwe Prellers
obige Angaben. Ihr Mann habe ihr Augusts Krankengeschichte
nicht ein-, sondern hundertmal erzählt. August sei an den Blattern
gestorben, die zwar nicht zum Ausbruche gekommen waren, durch
die Section aber festgestellt wurden. Es fand sich Eine Blatter auf
dem Gehirn [!]. Preller sei bei der Section und dem Begräbniße

August an einem Scharlachfieber gelitten habe, finde ich nirgends begründet, sie scheint mir höchst unwahrscheinlich zu sein.

Kestner hat dem Kanzler mitgetheilt „eine Notiz über den Befund der Aerzte, nach welchem das durch vorhandene krankhafte Localdisposition vorbereitete Zerspringen einer Ader im Kopfe die unmittelbare Ursache des Todes gewesen war." Düntzer sagt in „Goethes Leben" (1880): „Bei der Leichenöffnung fand man die Leber dreimal zu groß, das Gehirn mißgebildet". Auf meine Frage nach dem Sectionsberichte hatte Herr Prof. Düntzer die Güte mir mitzutheilen, daß seiner Meinung nach der Sectionsbericht nicht vollständig veröffentlicht sei. Ich weiß daher nichts weiter und kann nur sagen, daß jene kurzen Angaben durchaus laienhaft und ungenügend sind. Eine dreifache Vergrößerung der Leber (Holtei sagt gar fünffach!) ist Unsinn. Wenn eine Vergrößerung der Leber überhaupt gefunden worden ist, so ist sie mit Wahrscheinlichkeit als Alkoholwirkung aufzufassen, als das erste Stadium der später in Schrumpfung ausgehenden „Säuferleber". Was man sich unter Mißbildung des Gehirns denken soll, ist gar nicht zu sagen. Eine angeborene Mißbildung kann nicht in Betracht kommen, da eine gröbere Störung nach der Anamnese nicht anzunehmen ist, feinere Abweichungen (etwa abnorme Faltenbildung) von einem römischen Arzte im Jahre 1830 nicht

---

noch zugegen gewesen, dann aber sei er nach hause gefahren worden und die Blattern seien bei ihm ausgebrochen. Post hoc non est propter hoc.

beurtheilt werden konnten. Wahrscheinlich ist Mißbildung soviel wie Deformatio, d. h. Zertrümmerung eines Theiles des Gehirns durch einen Bluterguß, da Kestner sagt, daß eine Ader im Kopfe zersprungen sei. Dabei ist freilich die Gehirnblutung als thatsächlich vorausgesetzt, während nach Kestners Bericht über den Tod man eher an Herzlähmung denkt. Wir haben nun verschiedene Möglichkeiten. Wenn wir von der Pocken- und der Scharlach-Diagnose absehen, so kann es sich um einen apoplectischen Anfall gehandelt haben. Ursache eines solchen kann ein beliebiges Fieber nicht sein, es müßte gerade eine Perniciosa bestanden haben. Wahrscheinlicher ist, daß die Ursache des apoplectischen Anfalles eine schon vorhandene Gehirnerkrankung war, daß das Fieber nur den Anstoß gab. Die Gehirnerkrankung könnte Wirkung des Alkoholismus oder progressiver Paralyse gewesen sein. Wenn ein 40 jähriger Mann an einem Gehirnschlage stirbt, denkt man zuerst an progressive Paralyse oder an deren Ursache. Handelt es sich nicht um einen Gehirntod, so wäre am einfachsten anzunehmen, August habe sich ein römisches Fieber zugezogen und bei diesem sei es zu der Lähmung des schon vorher kranken Herzens gekommen.

Bei alledem scheint die Annahme, daß August durch eigene Hand gestorben sei, nicht unbedingt ausgeschlossen zu sein. Wäre es so gewesen, so hätten die Mitwisser alles thun müssen, um den Thatbestand zu verdecken. Das römische Regiment kannte gegen Selbstmörder kein Mitleid. Besonders aber mußte der alte Vater geschont werden. Kestner bemühte sich um diesen in rührender Weise. Er schrieb sofort an den Kanzler von Müller, er möge sich aller Zeitungen u. s. w. bemächtigen, damit Goethe nichts erfahre, und an Cotta, er möge verhindern, daß die Todesnachricht in die Zeitungen komme. Er machte in Rom einen Anschlag an geeigneten Stellen, der die Bitte enthielt, man möge in den ersten acht Tagen über Augusts Tod nicht berichten. An den Kanzler schrieb Kestner auch, er habe in dem anliegenden Briefe dem Vater die letzten Lebensumstände gemeldet, „die den Nachgebliebenen immer so theuer sind, und zur Beruhigung gereichen." Man weiß eben nicht, wie weit das Streben nach Beruhigung gereicht hat und die Mitwissenden zum Schweigen verpflichtet hat.

Höchst unglücklich für beide Theile und für die Nachkommenschaft war die Verbindung von Goethes Sohne mit Ottilie von Pogwisch. Diese war durchaus eine dégénérée. Den „verrückten Engel" nannten sie ihre Freundinnen, die „Frau von dem anderen Stern" sagte Frau von Gustedt. Sie war leidenschaftlich, unstet, phantastisch, trotz vieler guten Eigenschaften und ausgezeichneter Befähigung. Sie konnte weder als Mutter im physiologischen Sinne, noch als Erzieherin der krankhaften Art ihres Mannes ein Gegengewicht geben. Ihre Kinder waren in jeder Hinsicht zu bedauern.

Der älteste Sohn, Walter Wolfgang wurde am 9. April 1818 geboren. Er war ein stiller ergebener Mensch. Er widmete sich später besonders der Musik und fühlte sich tiefgekränkt durch die Nichtbeachtung seiner Compositionen.

An der Mutter hing er mit rührender Zärtlichkeit und opferte ihr vieles auf. Später lebte er ganz zurückgezogen „verschwiegen leidend". Asta Heiberg sagt, er sei klein, schwächlich, etwas verkrüppelt gewesen, dabei geistig einfach und gutmüthig bescheiden. Er erkrankte ziemlich früh an der Schwindsucht, ist aber erst 1885 gestorben.

Ueber den jüngeren Sohn, den am 18. September 1820 geborenen Wolfgang Max, der gewöhnlich Wolf genannt wurde, besitzen wir außer den Bemerkungen der Frau von Gustedt eine Schrift von Otto Mejer (Wolf Goethe. Weimar 1889). Er war von Jugend auf ernst und verschlossen, leidenschaftlich und „phantasiereich" wie seine Mutter. Er zeigte vortreffliche Anlagen, schrieb als junger Mann ein Drama „Erlinde", wandte sich später philologisch-historischen Studien zu, arbeitete sein Leben lang, ohne je mit etwas recht fertig zu werden, war eine Zeit lang im diplomatischen Dienste thätig, lebte dann verstimmt und krank in der Einsamkeit. Schon als junger Mann erkrankte er an Gesichtsneuralgie. Dieses Leiden scheint ihn fürchterlich gequält zu haben, sodaß er oft lange gänzlich leistungsunfähig war und die Umgebung für sein Leben fürchtete. Gesund scheint er fast nie gewesen zu sein, wir hören von Rheumatismus und Kopfschmerzen, allgemeiner Schwäche und Abspannung, Augenleiden, „gichtisch-nervösen" Leiden. Später erkrankte er an asthmatischen Anfällen und starb in einem solchen am 20. Januar 1883. Sein Freund Mejer sagt von ihm: „Er war ein groß angelegter Mensch, von umfassender Bildung, von weitem Gesichtskreise, von eigenen Gedanken, von vornehmstem Charakter, der allezeit gesinnt und gestimmt war, zuerst seiner Pflichten eingedenk zu sein und erst dann seiner Rechte, voll aufrichtiger Menschenliebe, treu, wahr, arbeitsam." „Wäre nicht die schmerzende Last seiner Krankheit und die glänzende seines Namens auf ihm gewesen, so würde er nach menschlichem Ermessen ein bedeutender Mann geworden sein." Freilich muß man hinzufügen, er konnte kein bedeutender Mann werden, weil er von vornherein eine vorwiegend pathologische Natur war und eben deshalb wurde er krank, wurde er von seinem Namen gedrückt, statt gefördert. Denn hier wie in den meisten Fällen sind Krankheit und Noth nicht etwas von Außen Kommendes, sondern das Zeichen der krankhaften Schwäche. Der Gesunde wird nicht krank und überwindet die Hindernisse, der Entartete aber wird das Opfer der Krankheit, und der Stein, der jenem eine Stufe ist, erdrückt diesen.

Das dritte Kind August's war die am 29. October 1827 geborene Alma. Sie ist schon im Jahre 1844 am Typhus gestorben. —

Man sagt, daß die Familien wie die Einzelnen eine bestimmte Lebensdauer haben. Der Stamm Goethes ist verdorrt, seine Familie trieb in ihm eine köstliche Blüthe und strömte damit ihre Kraft aus, nach ihm aber folgten nur noch lebensschwache Triebe. Der Genius erscheint auf der Erde nicht, um die Zahl der Menschen zu vermehren, seine Werke sind seine unsterblichen Kinder.

Lippert & Co. (G. Pätz'sche Buchdr.), Naumburg a/S.

www.ingramcontent.com/pod-product-compliance
Lightning Source LLC
Chambersburg PA
CBHW032055300426
44116CB00007B/743